Inhalt

W0176701

1. Die Bibel kennen und doch nicht kennen – Erfahrungen

Meine Geschichte mit der Bibel

Mein Weg mit der Bibel begann typisch evangelisch-volkskirchlich. In einem liberal-religiösen Elternhaus aufgewachsen, wurde mir ein selbstverständlicher Zugang zum christlichen Glauben und damit auch zur Bibel vermittelt. Wie viele evangelisch geprägte Menschen meiner Generation wuchs ich mit der Kinderbibel von Anne de Vries auf, die aus heutiger Perspektive den Kriterien einer guten Kinderbibel ganz sicher nicht standhält. Die zu Moralisierung und Schwarz-Weiß-Denken neigenden Darstellungen haben glücklicherweise meinem Verhältnis zur Bibel nicht nachhaltig geschadet, allerdings auch keine intensivere Beziehung zu ihr gestiftet.

Auch im Kindergottesdienst begegnete ich biblischen Geschichten. Er fand damals wöchentlich im Schleswiger Dom statt. Vermutlich hat der Pastor die biblischen Geschichten ausgelegt, aber Auslegungen sind mir interessanterweise kaum im Gedächtnis geblieben. Eher kann ich mich an die Geschichten aus der Bibel selbst erinnern. Ich hatte einen selbstverständlichen Zugang zu ihnen – Fremdheit zur Bibel habe ich kaum empfunden und ebenso wenig hatte ich kritische Fragen an sie. Dass Jesus auf dem Wasser geht, Kranke heilt, Wasser in Wein verwandelt und aufersteht, entspricht zwar nicht der »normalen« Erfahrung – aber es ist ja auch die Bibel und in der ist die Logik eben anders, das war mein damaliges Gefühl.

Im Kindergottesdienst hatte die Bibel aber noch eine zweite Bedeutung: Sie war in gewissem Sinn auch »Statussymbol«: Wer in der vorangegangenen Woche Geburtstag gehabt hatte, durfte sonntags dann nicht nur auf einem besonderen Stuhl des Chorgestühls sitzen, sondern sich auch noch ein biblisches Büchlein mit Illustrationen von Kees de Kort aussuchen. Die Büchlein habe ich heute noch. Und: Wer hundertmal den Kindergottesdienst besucht hatte (es wurde tatsächlich Buch geführt!), bekam eine »richtige« Erwachsenenbibel geschenkt. Und so fühlte ich mich damit dann auch. Gelesen habe ich sie zunächst nicht. Als Jugendliche habe ich dann einmal versucht, die Bibel ganz durchzulesen. Irgendwo in den Büchern der Chronik hat es mir dann gereicht, es war einfach zu langweilig, und ich stellte sie wieder ins Bücherregal.

Biblische Geschichten dominierten auch den Religionsunterricht in der Grundschule. Die – in meiner Erinnerung immer älteren – Religionslehrerinnen erzählten eine Geschichte und ließen uns dazu ein Bild malen. Im Konfirmationsunterricht hingegen kann ich mich kaum an Begegnungen mit biblischen Geschichten erinnern. Es war die Zeit des problemorientierten Unterrichts, allerdings gemischt mit traditionellen Elementen: Zur Prüfung mussten wir ca. 40 Texte auswendig lernen, darunter auch biblische Texte wie den Psalm 23. Die Halbwertszeit dieser Inhalte betrug vermutlich weniger als eine Woche. Auch der Gottesdienst vertiefte das Verhältnis zu biblischen Texten nicht unbedingt. Mit etwas Glück blieb eine Aussage der Predigt haften – in der Regel allerdings unabhängig vom biblischen Text.

Es war also ganz sicher nicht das besonders intensive Verhältnis zur Bibel, das mich zum Theologiestudium motivierte. Ebenso wenig aber stand das meinem Theologiestudium im Weg, wie es bei Menschen mit einer sehr engen Verbindung zur Bibel nicht selten der Fall ist. Sie erleben dann oft, dass ihre ganz unmittelbare Beziehung zur Bibel gestört oder sogar zerstört wird, wenn im Studium die Bibel als historisches und literarisches Dokument behandelt wird und methodische Schritte eingeübt werden, mit den Texten »historisch-kritisch« umzugehen. Mich faszinierte diese Herangehensweise. Ich fand es spannend, Entstehungsschichten der biblischen Bücher zu identifizieren, Gattungen zu bestimmen, Traditionen zu entdecken und den Vorgang ihrer Entstehung zu rekonstruieren, denn Logik und detektivische Arbeit hatten mich schon immer interessiert.

Bei aller Freude an der Arbeit mit den biblischen Texten blieb aber immer der Eindruck, dass das nicht alles ist, was sie mir zu sagen haben. Manchmal blitzte dabei etwas von der Bedeutung der Texte für mich und für uns heute auf, es hatte dann aber wenig Raum und vor allem gab es keine methodischen Anregungen, dem nachzugehen.

Möglicherweise hatte es auch mit diesem diffusen Gefühl zu tun, dass die biblischen Texte vielleicht doch noch etwas anderes bereithalten könnten, dass ich dann während meiner Zeit als wissenschaftliche Assistentin eine Bibliodrama-Ausbildung machte und mich mit diesem kreativen und spielerischen Zugang zu biblischen Texten intensiv beschäftigte. In Josefstal, dem Studienzentrum für evangelische Jugendarbeit in Bayern, lernte ich bei Ursula Runschke in der bibliodramatischen Annäherung die Bibel noch einmal ganz anders kennen. Auch hier war eine intensive wissenschaftliche Beschäftigung mit dem Text eine wichtige Voraussetzung – aber eben eine Voraussetzung und nicht das Ganze. Im bibliodramatischen Spiel wurden die Texte plötzlich auf ganz neue Weise lebendig. Die biblischen Gestalten bekamen Stimme und Sprache, leiblichen Ausdruck, Gedanken, Gefühle und Motive. Jetzt musste nicht mehr eigens gefragt werden, was das nun für hier und heute bedeutet, sondern es war ganz offensichtlich. Biblische

Geschichte und meine eigene Lebensgeschichte kamen miteinander in Kontakt, verwoben sich und legten sich gegenseitig aus. Ich verstand mich selbst und auch die Texte besser.

Auch als ich dann selbst Bibliodramagruppen leitete, erlebte ich oft sehr eindrücklich, wie ein biblischer Text Menschen bewegen und berühren kann. Ich fand auch immer mal wieder eine Möglichkeit, diesen Zugang einzusetzen, an der Universität, im Vikariat und auch anschließend als Pastorin in der Erwachsenenbildung. Allerdings musste ich dafür immer besondere Gelegenheiten suchen und den Raum schaffen, dass Menschen zu einem solchen intensiven Prozess zusammenkommen und diesen erleben können.

1998 lernte ich dann im Rahmen einer internationalen Bibliodramakonferenz den Bibliolog, eine dem Bibliodrama verwandte Form, von seinem Erfinder Peter Pitzele kennen. Von Anfang an hat mich dieser dem Bibliodrama ähnliche und doch wieder ganz eigene Zugang fasziniert. Einer der Gründe für meine Begeisterung war und ist, dass er mit so wenig Aufwand umzusetzen ist: Wo immer Menschen zusammen sind und etwas mit der Bibel zu tun haben, lässt sich diese Begegnung bibliologisch gestalten. Meine anfänglichen Befürchtungen, dass dieser wesentlich kürzere, auf die sprachliche Ebene konzentrierte und auch viel stärker strukturierte und leitungszentrierte Zugang die biblischen Texte weniger lebendig erscheinen ließe und den Teilnehmenden viel weniger eröffnen würde als das Bibliodrama, wurden rasch gegenstandslos. Im Gegenteil: Ich war erstaunt und erlebte es als bereichernd, wie rasch Menschen auf diesem Wege in die Bibel »eintauchen«, wie intensiv sie ihr begegnen und wie viel sie davon für sich und ihr Verständnis des biblischen Textes mitnehmen. Ganz ungeplant ergab sich dann für mich eine berufliche Situation, die mir die Möglichkeit eröffnete, in Kursen und Veröffentlichungen den Bibliolog im deutschsprachigen Raum bekannt zu machen.

Der Bibliolog stieß von Anfang an auf sehr großes Interesse und verbreitet sich sehr schnell und fast von selbst – in einer Weise, die für mich immer wieder überraschend und beglückend ist. Offensichtlich gibt es ein großes Bedürfnis nach einem Weg, sich der Bibel von den eigenen Erfahrungen her und gleichzeitig mit großer Neugier darauf, was dieses Buch bereithält, zu nähern. Viele Menschen, die Bibliolog erleben, berichten, dass sie die Bibel ganz neu entdecken und etwas von der Kraft der Texte spüren und erfahren. Auch ich habe mittlerweile ein sehr viel intensiveres Verhältnis zu den biblischen Texten bekommen, das sich auf meine gesamte theologische Arbeit an der Universität, in der Forschung und in der Kirche auswirkt. Nicht jeder Text erschließt sich mir sofort, oft genug braucht es eine Zeit, in der ich mich mit dem Text auseinandersetze und auch mit ihm ringe – und nicht immer bin ich mit dem Ergebnis zufrieden. Andererseits erlebe ich aber auch, dass es sich lohnt, den Texten der Bibel zuzutrauen, für mich und uns heute lebendig und bedeutsam zu sein – man muss ihnen nur eine Chance dazu geben.

Die Bibel heute

Meine Geschichte mit der Bibel ist nicht untypisch für meine Generation – aber als Mensch, der immerhin das ganze Leben ein Verhältnis zur Bibel hat, gehöre ich dennoch zu einer Minderheit. Die Bibel steht zwar immer noch in vielen Haushalten im Bücherregal, aber das heißt noch lange nicht, dass sie auch gelesen wird. Selbst Mitglieder der beiden großen Konfessionen und erst recht Konfessionslose halten die Bibel oft für ein »altes« beziehungsweise veraltetes Buch, das zwar ein wichtiges Dokument der Religionsgeschichte ist, dem sie jedoch wenig Aktualität und Bedeutung für das eigene Leben zutrauen.

»Es gibt Menschen, die die Bibel nicht brauchen. Ich gehöre nicht zu ihnen. Ich habe die Bibel nötig. Ich brauche sie, um zu verstehen, woher ich komme. Ich brauche sie, um in dieser Welt einen festen Boden unter den Füßen und einen Halt zu haben.« (*Jörg Zink*)

Manchmal wird »der Kirche« oder »der Theologie« vorgeworfen, sie sei schuld an dieser Situation – entweder weil man sagt, sie habe zu lange die Bibel als absolute Autorität deklariert und zur Sicherung der eigenen Macht missbraucht oder man behauptet, sie gehe zu liberal oder zu wissenschaftlich mit ihr um und nehme sie als Wegweisung und Hilfe für das Leben selbst nicht ernst. Beides ist in dieser Einseitigkeit weder richtig noch völlig falsch. In der Tat ist das Vorurteil immer noch nicht ganz ausgeräumt, dass das Buch selbst oder aber Kirche und Theologie den Anspruch stellten, die Bibel als absolute Weisung zu verstehen, der man fraglos folgen müsse. Und ebenso ist auch noch nicht überall deutlich geworden, dass mittlerweile durchaus erfahrungsbezogene und lebensnahe Zugänge zur Bibel entwickelt worden und in Kirche und Theologie vertreten sind und angeboten werden. Das Verhältnis zwischen der Bibel und Menschen heute ist jedoch noch viel komplexer – und viel spannender als solche einseitigen Deutungen, schon deshalb, weil sie selbst über ihr Verhältnis zur Bibel entscheiden und sich keines vorschreiben lassen. Viele Menschen sind aber durchaus neugierig auf dieses Buch und auch bereit zu prüfen, ob es sich als wertvoll und hilfreich für ihr Leben erweist. Denn das dürfte heute das wichtigste Kriterium für das Verhältnis zur Bibel sein: ihre Bedeutung für das eigene Leben. Auch das gehört zur heutigen Gesellschaft – Traditionen, gerade auch religiöse, sind durchaus wieder attraktiv geworden, denn viele Menschen spüren, dass das Lebensgefühl der Moderne an seine Grenzen gekommen ist. Immer nach vorne zu streben, besser, schneller und rationeller zu werden, immer nur auf das Neue zu setzen, ist auf Dauer dem Leben nicht dienlich. Es gibt ein neues Bewusstsein dafür, dass es sich lohnt, tiefer danach zu fragen, was im Leben trägt, ihm Sinn gibt, und Menschen spüren, dass die Traditionen der Religionen dabei sehr hilfreich sein können.

Allerdings: Diese Traditionen werden nicht mehr unhinterfragt übernommen. Aus der Vielfalt der religiösen und sonstigen gesellschaftlichen Angebote wählen Menschen das aus, was ihnen plausibel und sinnvoll erscheint im Blick auf Alltagstauglichkeit und Bedeutung für das eigene Leben. Theologie und Kirche bringt das in eine neue Situation, denn die Frage nach der Lebensdienlichkeit der christlichen Tradition kann sie nicht als unangemessenes »Nützlichkeitsdenken«, das dem christlichen Glauben nicht gerecht wird, zurückweisen. Dazu verweist die heute immer lauter gestellte Frage sie zu sehr auf ihr eigenes Erbe: Die christliche Religion zielt auf den ganzen Menschen in all seinen Lebensbezügen und spricht von einem Gott, der ein gutes Leben für alle Menschen will – nicht nur im Jenseits, sondern auch hier und jetzt. Und gerade die Bibel stellt den Anspruch, für Menschen bedeutsam zu sein und ihrem Leben dienlich. Insofern stellt das neue Interesse an den alten Traditionen eine besondere Herausforderung dar: Anders als in den letzten 1500 Jahren müssen Christen zeigen, wie aktuell und lebensrelevant ihr grundlegendes Buch ist. Davor müssen sie sich nicht fürchten, denn die Bibel *ist* ein Buch voller Leben und Lebensdienlichkeit, die allerdings entdeckt werden muss – und dabei möchte das Buch, das Sie jetzt in Händen halten, behilflich sein.

Wenn Sie als Leser oder Leserin diese Entdeckungsreise unternehmen, werden Sie folgende Wege gehen: Sie werden zunächst erfahren, was die Bibel eigentlich für ein Buch ist und auf welche Weise sie Menschen einlädt, sich mit ihr zu beschäftigen. Dann werden Sie einen Überblick darüber bekommen, was Sie eigentlich in der Bibel erwartet. Anschließend werden Ihnen verschiedene Zugänge zur Bibel vorgestellt: einige, mit denen Sie vor allem Erkenntnisse über biblische Texte gewinnen können und andere, durch die sie vor allem Erfahrungen mit biblischen Texten machen können. Zum Schluss finden Sie praktische Tipps für Ihre eigene Bibellektüre. Wenn Sie am Ende der Reise merken, dass Sie die Bibel nun mit anderen Augen sehen können und sich ihr ein kleines bisschen näher fühlen, dann hat das Buch sein Ziel erreicht.

2. Die Bibel – (k)ein Buch wie jedes andere

»Die Bibel ist das wichtigste Buch, das ich kenne. Vor allen Dingen in Zeiten wie diesen, in denen immer mehr Menschen nach einer zuverlässigen Orientierung für ihr Leben suchen.« (Horst Köhler)

Dass die Bibel ein besonderes Buch ist, dürfte unstrittig sein – von ihrem Alter und ihren Inhalten, von ihrer Verbreitung, vor allem aber von ihrer Bedeutung her, die sie für die Menschen hatte und hat. Gleichzeitig ist sie aber auch ein Buch wie andere Bücher, das von Menschen für Menschen verfasst wurde. Diese Spannung zwischen »kein Buch wie jedes andere« und »ein Buch wie jedes andere« wahrzunehmen ist wichtig, um die Bibel zu verstehen.

Die Bibel ist ein Buch menschlicher Erfahrungen

Die Bibel ist ein Buch, in dem Menschen von ihren Erfahrungen erzählen, und zwar in zweierlei Hinsicht: Manchmal berichten die Geschichten, die dort versammelt sind, sehr direkt von dem, was Menschen mit ihrem Gott erlebt haben. Nicht selten geht es aber vor allem um Erfahrungen mit anderen Menschen. Diese werden dann so gedeutet, dass Gott etwas damit zu tun hat und dass es sich lohnt, sich auch darin auf ihn zu beziehen.

Weil die Bibel ein Buch ist, das von Erfahrungen erzählt, lädt sie geradezu dazu ein, dass Menschen sich ihr mit dem nähern, was ihnen widerfahren ist. Sie ist offen dafür, dass man mit ihr in einen Dialog tritt, dass Menschen mit ihren Fragen und auch mit ihren Antwortversuchen an sie herantreten und diese zu den in der Bibel enthaltenen Fragen und Antworten in Beziehung setzen. Die Bibel ist nicht »heilig« im Sinn von unantastbar. Ebenso wenig ist sie eine autoritäre Instanz, die auf jede menschliche Frage eine zeitlos gültige Antwort und zu jeder menschlichen Erfahrung eine Anweisung parat hätte, der man folgen muss. Sie erzählt von Erfahrungen, die Menschen in ihrer jeweiligen Lebenszeit gemacht haben, und bietet Deutungsversuche und Wege an, damit umzugehen, manchmal auch Antworten und Weisungen, die sich als hilfreich erwiesen haben. Sie lädt zur Beziehung und manchmal durchaus auch zur Auseinandersetzung mit ihr ein.

Die Bibel ist Literatur

Die Bibel ist ein Buch mit Texten. Dies scheint selbstverständlich, da man sie aufschlagen und in ihr lesen kann. Es war jedoch nicht immer selbstverständlich (und ist es heute manchmal noch immer nicht), die Bibel als Literatur zu verstehen und die Bücher der Bibel als literarische Texte wahrzunehmen, denn das heißt, dass die Bibel mit anderen Texten vergleichbar wird, und weiter, dass die biblischen Texte bestimmten literarischen Gattungen folgen, die sich auch in anderen Werken ihrer Zeit finden – Schöpfungsmythen zum Beispiel, Psalmen, Evangelien oder Briefliteratur. Es wird legitim, sich der Bibel mit literaturwissenschaftlichen Methoden zu nähern und beispielsweise danach zu fragen, wie eine Erzählung aufgebaut ist und was ein bestimmter Anfang, ein bestimmter Schluss oder die Einführung einer Person an genau diesem Punkt der Geschichte bewirkt. Dann ist es auch legitim, die Bibel als interessierte Leserin einfach als Buch (oder vielmehr als eine Sammlung von Büchern, siehe Kapitel 3) zu lesen, und es wird rasch deutlich, dass die Bibel in einer anderen Zeit als der unsrigen entstanden ist – und nicht zuletzt in einer anderen Sprache. Ebenso wenig wie bei anderen Büchern aus früheren Jahrhunderten bzw. Jahrtausenden werde ich dann erwarten, dass die Texte so geschrieben sind, wie man heute Bücher schreibt. Anderes spricht mich aber vielleicht sehr unmittelbar an in der literarischen Form, der Sprachkraft oder auch in den Inhalten – wie gute Literatur es über Jahrhunderte hinweg vermag: Das Leben von Josef (Genesis 37–50) oder Ruth kommt mir als Novelle nah, die Psalmen kann ich als Lieder oder Gebete vielleicht geradezu mitsprechen und das Hohelied als Liebeslyrik entfaltet seinen ganz eigenen Zauber.

Lese ich die Bibel als Buch, als Literatur, eröffnet das die Chance, die Texte erst einmal als Texte wahrzunehmen und damit vielleicht ein wenig voraussetzungsloser und vorurteilsfreier an sie heranzugehen, als wenn ich sofort Fragen an sie richte, die meine Person betreffen (»Was kann der Text heute für mich bedeuten?«; »Was will mir der Autor des Textes damit sagen?«).

Übrigens versteht auch die wissenschaftliche Bibelauslegung die Texte mittlerweile wieder stärker als Texte und nimmt sie als Literatur wahr. Damit rücken die wissenschaftliche Herangehensweise und das »ganz normale« Lesen der Bibel, die lange wenig miteinander zu tun hatten, wieder näher zusammen.

Die Bibel entstammt einer fremden Kultur

Wie jedes literarische Werk ist auch die Bibel in einem bestimmten historischen Umfeld entstanden (und zwar in sich noch einmal in sehr unterschiedlichen Zeiten, Situationen und Kulturen). Die Erfahrungen, von denen die Bibel erzählt, sind von dem jeweiligen Selbst- und Weltverständnis ihrer Zeit geprägt – denn Menschen existieren immer in ihrer jeweiligen Welt und können nicht zeit- und ortlos leben und erleben, fühlen und denken. Daher spiegeln die biblischen Bücher ein anderes Geschichtsverständnis und auch ein anderes Wahrheitsverständnis wider als das uns heute vertraute. Immer wieder ist beim Lesen spürbar, dass die biblischen Texte nicht in unserer Zeit oder für unsere Zeit verfasst worden sind, sondern Zeugnisse früherer Kulturen und Epochen sind.

Das warnt uns davor, biblische Texte umstandslos auf uns und unsere Lebenswelt zu beziehen, als fänden wir darin wörtlich für heute verfasste Antworten auf unsere Fragen. Damit würden wir die Bibel für uns und unsere Zeit vereinnahmen und nicht ernst nehmen, dass die biblischen Texte ein »Eigenleben« besitzen. Sie sind und bleiben uns in gewissem Sinn immer »fremd«, weil sie historisch und kulturell einer anderen Lebenswelt entstammen als die, aus der heraus wir sie heute lesen und deuten. Dies ist an vielen Stellen der Bibel spürbar. Es beginnt schon bei der Lebensweise der Menschen, von denen dort die Rede ist: Sie lebten als Nomaden, Halbnomaden oder Ackerbauern in Stämmen zusammen, führten Kriege gegen ihre Nachbarn, gründeten eine Monarchie, lebten unter fremder Herrschaft. Die Rollen von Frauen und Männern waren klar definiert, die Gesellschaft war »patriarchal«, das heißt, Vätern beziehungsweise Männern wurde prinzipiell das Bestimmungsrecht über Frauen und Kinder zugesprochen. Gleichzeitig hatten Frauen dann aber wieder Möglichkeiten, die in unser Bild von festgelegten Geschlechterrollen nicht unbedingt passen: So gab es durchaus Richterinnen (Deborah, siehe Richter 4f.) und Prophetinnen (Miriam, siehe Exodus 15,21f., Numeri 12, oder Hulda, siehe 2 Könige 22). Auch das Verhältnis der Generationen war ein anderes als bei uns: Eltern und Kinder waren eng aufeinander bezogen und Kinder hatten die selbstverständliche Verpflichtung, für ihre Eltern zu sorgen. Der Mensch wurde viel weniger als Einzelwesen verstanden, sondern immer als Teil seiner Familie, seines Stammes und Volkes.

Diese sozialen Muster und Rollen und auch das Weltverständnis in der Entstehungszeit der Bibel sind weder pauschal »besser« noch »schlechter« als die uns vertrauten. Manchmal weisen uns die biblischen Texte auf Aspekte hin, die für uns heute sinnvoll und hilfreich sind – wie beispielsweise die selbstverständliche soziale Verantwortung jedes Einzelnen. An anderen Stellen erscheinen uns die gegenwärtigen gesellschaftlichen Verhältnisse sinnvoller und gerechter – zum Beispiel die Machtverhältnisse zwischen den Geschlechtern oder die Möglichkeiten, sein Leben selbst zu gestalten. Hier ist es dann umso spannender, nach der Bedeutung eines biblischen Textes für die heutigen Verhältnisse zu fragen, denn dies fordert das eigene Denken und Urteilsvermögen besonders heraus. Historische Hintergrundinformationen sind dabei hilfreich und für manche Bibelstellen geradezu unerlässlich. Um diese zu erwerben, muss man kein wissenschaftliches Theologiestudium absolvieren, sondern kann sich in übersichtlichen Erläuterungen rasch informieren (siehe nächste Seite).

Einige **Nachschlagemöglichkeiten** *für* **historische Hintergrundinformationen** *zu den Bibeltexten:*

> *Herders Neues Bibellexikon, Verlag Herder, Freiburg im Breisgau 2008, mit CD-Rom*
> *Stuttgarter Erklärungsbibel, Deutsche Bibelgesellschaft, Stuttgart 2005, mit CD-Rom erhältlich*
> *Frank Crüsemann, Kristian Hungar, Claudia Janssen, Rainer Kessler (Hg.): Sozialgeschichtliches Wörterbuch zur Bibel, Gütersloh 2009*
> *Gerd Theissen: Der Schatten des Galiläers. Jesus und seine Zeit in erzählender Form, Gütersloh 2004*
> *www.bibelwissenschaft.de/wibilex/das-bibellexikon*
> *www.bibelwissenschaft.de/bibelkunde*

Die historischen Hintergrundinformationen dienen aber nicht nur dem Verständnis bestimmter Bibelstellen, sie helfen vor allem dabei, den Text nicht vorschnell in unseren gewohnten Denkweisen zu interpretieren, sondern – soweit es uns möglich und zugänglich ist – die Voraussetzungen und Vorstellungen der biblischen Zeit zur Kenntnis zu nehmen.

Die Bibel erzählt von einer fremden Dimension

Die Bibel bleibt aber nicht nur in historischer, sondern auch in inhaltlicher Sicht »fremd«, denn in ihr wird immer wieder von der Erfahrung berichtet, dass das, was eigentlich zu erwarten wäre, nicht eintrifft und der normale »Lauf der Dinge« durchbrochen wird. Stattdessen geschieht etwas, das nach menschlichen Maßstäben unrealistisch und oft sogar unmöglich ist, beispielsweise:

> uralte Menschen bekommen Kinder (Sarah in Genesis 21,2),
> ein Volk entkommt der Sklaverei (der Auszug aus Ägypten, Exodus 12–14),
> eine unbesiegbare Stadt wird erobert (Jericho, geschildert in Josua 6),
> der Kleine besiegt den Großen (David und Goliath, 1 Samuel 17),
> ein Herrscher und ein ganzes Volk kehren um (Jona 3),
> ein Volk kehrt aus dem Exil in seine Heimat zurück (zum Beispiel Jesaja 43,14 ff., Esra 1),
> Hungrige werden satt (Elisa und die Witwe in 2 Könige 4,1–7; Speisung der 5000 beziehungsweise der 4000 in Matthäus 14,13–21 und Matthäus 15,32–39),
> unheilbar Kranke werden geheilt (der Gelähmte, Markus 2,1–12; die blutflüssige Frau, Markus 5,25–34; der Blinde, Markus 8,22–26; der Gelähmte, Apostelgeschichte 3,1–8 und viele andere mehr),
> Tote erstehen auf (die Tochter des Jairus, Markus 5,38–42; Lazarus, Johannes 11,17–45; Jesus, zum Beispiel in Matthäus 28),
> aus den Anhängerinnen und Anhängern eines nach menschlichen Maßstäben Gescheiterten wird eine weltweite Bewegung (Apostelgeschichte und Briefe).

Diese Ereignisse werden in der Bibel als Wirken Gottes gedeutet. Es ist die Erfahrung von »Transzendenz« (das, was die weltliche Erfahrung übersteigt), die in die Welt und das Leben von Menschen einbricht und allem eine neue und unerwartete Wendung gibt. Die biblischen Texte spiegeln die Überzeugung wider, dass Gott es gut mit den Menschen und der Welt meint. Oft genug jedoch bleibt das Handeln Gottes dabei überraschend, unverständlich und irritierend. Diese »transzendente«

Dimension ist uns nicht unmittelbar zugänglich und schon gar nicht verfügbar, sondern bleibt gegenüber der »Welt« immer fremd, gerade weil sie das Erwartbare und Logische durchbricht. Insofern ist es nicht erstaunlich, in der Bibel Ereignisse beschrieben zu finden, auf die wir mit »Das geht doch nicht« reagieren. Spannend wird dann gerade die Frage, was die Konfrontation von dem, was wir normalerweise erwarten, mit dem, was wir so gar nicht erwarten, für uns bedeutet. Die Bibel berichtet von etwas, das das weit übersteigt, was wir sehen, anfassen und auch denken können – und sie ist davon überzeugt, dass diese Dimension eine Realität ist.

Die Bibel spricht menschliche Grunderfahrungen an

Gleichzeitig – und dies ist nun das eigentlich Spannende an der Bibel – ist sie nicht nur ein historisches Dokument, sondern ein für heutige Menschen bedeutsames und aktuelles Buch. Denn ihre – zeitgebunden dargestellten – Erfahrungen sind zeitlos bedeutsam. Die Bibel enthält Erfahrungen, die unseren heutigen nicht fern sind, das heißt: nicht unbedingt genau die gleichen, aber gewissermaßen »typische« menschliche Grunderfahrungen. Diese können wir nachvollziehen und sie erinnern uns an unsere eigenen. Das gilt zum einen für Menschen untereinander: beispielsweise die Erfahrung

Die Bibel

»Die Bibel ist ein Buch der verzweifelten Fragen und der ungeduldigen Sehnsucht.« (Ingo Baldermann)

von Rivalität, Versöhnung oder Unterstützung. Das gilt aber ebenso für Erfahrungen mit Gott wie die Hilfe in der Not, das Ringen und Hadern mit Gott und besonders auch das Erleben, dass Gott sich nicht immer zeigt, wenn der Mensch es erwartet. Vieles, was in der Bibel enthalten ist oder auch in einem Text mitschwingt, beschäftigt Menschen zu allen Zeiten und ist auch für uns heute wichtig, zum Beispiel die Frage nach der eigenen Identität oder die Frage nach einer »Bestimmung« (Josef), die Konsequenzen des »Rufes Gottes« für das eigene Leben (die Propheten oder die Jüngerinnen und Jünger Jesu), die Frage nach Glaube und Zweifel (Hiob) oder nach dem Sinn des Lebens.

Manchmal werden diese zentralen menschlichen Fragen auch in einer eher symbolischen Form ausgedrückt: Die Begegnung zwischen Eva und der Schlange beispielsweise (Genesis 3,1–7) beschreibt symbolisch die Frage nach Erkenntnis und Verantwortlichkeit der Menschen in der Welt, die Erzählung vom Turmbau zu Babel (Genesis 11) beschäftigt sich mit der Frage nach menschlicher und göttlicher Macht und Psalm 23 entfaltet Bilder von Geborgenheit in der Bedrohung. Manche dieser Texte erschließen sich nicht unbedingt unmittelbar beim ersten Lesen, sondern fordern eine intensivere Auseinandersetzung mit ihnen.

»Sie müssen das Licht der Bibel nicht so unter den Scheffel stellen. Die Bibel ist und bleibt das wichtigste Erfahrungsbuch der Menschheit.« (Wolf Biermann)

Die Bibel enthält aber nicht nur manche Erzählungen, die uns angesichts unserer heutigen Lebenswelt irritieren, sondern sie enthält durchaus auch Widersprüche in sich selbst. Einige Beispiele:

> Hat Noah in die Arche jeweils ein Paar von jeder Tierart mitgenommen (Genesis 6,19 und Genesis 7,8–9) oder von den reinen Tieren je sieben (Genesis 7,2)?

> Hatte Absalom nun drei Söhne (wie in 2 Samuel 14,27 berichtet) oder keinen Sohn (wie es 2 Samuel 18,18 sagt)?

> Wie viele Eimer fasste das von Salomo erbaute Becken? (2000 Eimer waren nach 1 Könige 7,26, während 2 Chronik 4,5 von 3000 Eimern spricht)

> Wer war der Vater von Josef, des Ehemanns von Maria? (Nach Matthäus 1,16 hieß er Jakob, nach Lukas 3,23 Eli.)

> Hat Jesus seinen Jüngern erlaubt, Stab und Schuhe mitzunehmen, als er sie aussandte (wie Markus 6,8–9 sagt) oder nicht (wie Matthäus 10,9–10 meint)?

> Beging Judas nach seinem Verrat an Jesus Selbstmord (so Matthäus 27,5) oder stürzte er vornüber und barst entzwei (so Apostelgeschichte 1,18)?

Diese Widersprüche wurden schon sehr früh wahrgenommen (beim aufmerksamen Lesen sind sie auch nicht zu übersehen) und gaben Anlass zu unterschiedlichen Umgangsweisen damit. So können die Widersprüche als Hinweis darauf gelesen werden, wie der Text entstanden ist, weil sie auf unterschiedliche Textquellen und Traditionen schließen lassen (so arbeitet die historisch-kritische Methode, vergleiche Kapitel 4, S. 77–81). Oder die Widersprüche können als bewusste Komposition verstanden werden, die auf wichtige Spuren in der Bibel hinweisen sollen. Denn zumindest diejenigen, die für die bis heute

Die **jüdische Auslegungsweise** *des* **»Midrasch«** *nimmt Widersprüche und Irritationen in einem Text zum Anlass, genau hinzusehen und sich Gedanken über einen möglichen Sinn dieser Auffälligkeit zu machen. Man nimmt also an, dass nichts in der Bibel zufällig oder sinnlos, sondern jeder Satz, jedes Wort und jeder Buchstabe bedeutungsvoll ist und somit zur Interpretation herausfordert. Dabei versucht der Midrasch nicht, die eine richtige Deutung zu finden, sondern nähert sich mit ganz verschiedenen Erklärungsversuchen der Bibel immer wieder neu.*

überlieferte Form des Textes, seine »Endgestalt«, verantwortlich sind, können kaum so blind gewesen sein, die zahlreichen »störenden« Auffälligkeiten in der Bibellektüre zu übersehen, auch wenn diese oft (aber nicht immer) verschiedenen biblischen Büchern entstammen.

Ein besonders eindrückliches Beispiel, wie ein eklatanter Widerspruch innerhalb der Bibel interessant und bedeutungsvoll wird, bietet die Gegenüberstellung von 2 Samuel 24 und 1 Chronik 21. Beide Stellen liefern eine Begründung, warum David das Volk Israel zählen ließ – eine Handlung, die als mangelndes Vertrauen in Gott gedeutet wird. David verlässt sich statt auf ihn auf die eigene militärische Stärke, und er und das Volk werden dafür hart bestraft. Die Begründung, warum David so handelt, könnte in beiden Texten kaum gegensätzlicher sein: Während in 2 Samuel 24,1 *Gott* David dazu »reizt«, das Volk zu zählen (aufgrund seines Zornes gegen Israel!), ist es in 1 Chronik 21,1 der *Satan*, der David dazu anstachelt! Jürgen Ebach deutet in seinem Artikel »In welchem Sinn ist die Schrift wahr?« (in: Gerlinde Baumann/Elisabeth Hartlieb (Hg.):

»Du kannst die Tora nicht verstehen, solange du nicht über sie gestolpert bist.« *(Aus dem Talmud)*

Fundament des Glaubens oder Kulturdenkmal? Vom Umgang mit der Bibel heute, Leipzig 2007) die Tatsache, dass die biblischen Redaktoren beide Begründungen nebeneinander stehen ließen, so, dass sie mit einer theologisch schwerwiegenden und äußerst schwierigen Frage, nämlich der Frage nach der Herkunft des Bösen in der Welt und der Rolle Gottes dabei, sehr sorgsam umgehen wollten. Indem nun beide Erklärungen dort stehen, ohne dass eine Entscheidung für die eine oder die andere Antwort fällt, wird die Frage, ob Gott nun für das Böse in der Welt verantwortlich ist oder nicht, deutlich gestellt – und ebenso deutlich offen gelassen. Wäre nur die erste Antwort in der Bibel zu finden, wäre Gott eindeutig der Urheber des Bösen, was im Blick auf das Leiden von Menschen grausam wäre. Die zweite Antwort allein hingegen würde Gott vom Bösen und vom Leiden abkoppeln und eine Macht neben ihm behaupten, die unabhängig von ihm ist. Indem beide Antworten nebeneinander überliefert werden, wird die (menschlich wohl auch nie zufriedenstellend zu lösende) Frage unbeantwortet gelassen und der Mensch darauf verwiesen, sie immer wieder neu im Dialog mit Gott zu stellen.

In ähnlicher Weise wird die Frage, ob die Kinder für Verfehlungen ihrer Eltern büßen oder nicht, gleichzeitig gestellt und offen gehalten. Gerade heute, wo wir um die Bedeutung von »Verstrickungen« in Familien wissen, ist dies ein besonders spannender Aspekt. Nach Exodus 20,5 und Jesaja 14,21 haben die Taten der Väter durchaus Auswirkungen auf die Kinder, während Ezechiel 18,20 und Deuteronomium 24,16 verneinen, dass die Schuld der Väter auf die Kinder übergeht. Ähnliches gilt für die Frage, ob Gott Menschen in Versuchung führt. Während er nach Genesis 22,1 Abraham versucht, heißt es in Jakobus 1,13: »Keiner, der in Versuchung gerät, soll sagen: Ich werde von Gott in Versuchung geführt. Denn Gott kann nicht in die Versuchung kommen, Böses zu tun, und er führt auch selbst niemand in Versuchung.« Die Bibel hat offensichtlich nicht die eine richtige Antwort auf eine Frage. Sie lässt unterschiedliche Sichtweisen, abweichende Meinungen und verschiedene Perspektiven zu. Sie zeigt einen Prozess des Ringens um Wahrheit, die vom Menschen nie ganz zu erfassen ist, sondern der er sich immer nur annähern kann. Auf diese Weise lädt die Bibel ein, sich mit ihr auseinanderzusetzen, unterschiedliche Deutungsmöglichkeiten zu erproben, manche zu verwerfen, andere weiterzuverfolgen, aber nie fertig zu werden mit dieser Auseinandersetzung. Die Widersprüche zeigen, dass die Bibel kein »Rezeptbuch« ist, dem man fertige Strategien entnehmen könnte, sondern ein Buch, das zum Nachdenken anregt und zu eigenen Lösungsstrategien führt.

Die Bibel ist ein Buch mit einem bestimmten Verständnis von Wahrheit

Damit ist auch schon die häufig gestellte und gelegentlich heftig umstrittene Frage angesprochen, ob die Bibel »wahr« sei bzw. die biblischen Texte »wörtlich« zu verstehen seien. Diese Frage speist sich vor allem aus der fundamentalistischen Lesart, die die biblischen Texte als historische Tatsachenberichte versteht, die fehlerlos und irrtumsfrei sind. Sie blendet die Abfassungsbedingungen und den kulturellen Kontext aus. Gegenwärtig scheint der alte Streit zwischen einem »liberalen« und einem »fundamentalistischen« Verständnis der Bibel wieder eher an Bedeutung zu gewinnen. Hintergrund der Auseinandersetzung ist wohl auf beiden Seiten die Sorge darum, dass die Bibel falsch verstanden und vor allem bedeutungslos werden könnte, allerdings wird die Gefahr sehr unterschiedlich eingeschätzt. Befürchten diejenigen, die auf einem »wörtlichen« Verständnis der Bibel beharren, dass die Bibel nicht mehr als verbindliche Autorität wahrgenommen und so »verwässert« wird, sieht die andere Seite eher eine Gefahr darin, die Bibel der menschlichen Erfahrung zu entziehen und sie als »Sonderwelt« zu behaupten. Der Streit entzündet sich an Aussagen, die dem gegenwärtigen Weltverständnis widersprechen. So wird von der Erschaffung der Welt in sieben Tagen berichtet (Genesis 1,1–2,4), von Mauern, die durch Posaunenschall einstürzen (Josua 6) oder davon, dass die Sonne stillsteht (Josua 10,13). Versuche, mit Ausgrabungen oder Schwächen der Evolutionstheorie zu beweisen, dass die Bibel doch »recht habe«, gehen an ihrem Charakter vorbei, denn sie spiegelt als Dokument ihrer Zeit ein anderes historisches Bewusstsein wider, als wir es heute nach Aufklärung und Moderne haben. Naturwissenschaftliche Kriterien an die Frage nach der »Wahrheit« der Bibel anzulegen, berücksichtigt ihren Charakter nicht und wird ihr nicht gerecht, weil das in den Texten enthaltene historische und naturkundliche Wissen zeitbedingt ist und keine überzeitliche Geltung hat. Insofern ist es auch nicht verwunderlich, dass sich in der Bibel auch naturkundliche Irrtümer finden, beispielsweise den wiederkäuenden Hasen nach Levitikus 11,3–6 oder die der Gattung der Vögel zugerechnete Fledermaus in Levitikus 11,13–19.

Die Wahrheit der Bibel liegt also sicher nicht in ihrer naturwissenschaftlichen Irrtumslosigkeit. Sie ist auch nicht in dem Sinn »wahr«, dass sie einen feststehenden, auf alle Lebensfragen zu allen Zeiten gleichermaßen anwendbaren Sinn enthielte, sondern darin, dass sie tiefe Wahrheiten enthält und gleichzeitig mit ihren Inhalten und ihrem Anspruch die Suche nach der Wahrheit und das Ringen darum immer wieder neu anstößt, bereichert und korrigiert.

»Wir müssen das Evangelium nicht lesen, wie ein Notar ein Testament liest, sondern wie es der Erbe liest.« (Isaac Newton)

Die Bibel als deutungsbedürftiges Buch

Damit aber ist die Bibel ein deutungsbedürftiges Buch. Wenn sie von Erfahrungen von Menschen erzählt, die sich mit unseren heute in Beziehung setzen lassen, und wenn sie keine fertigen Antworten liefert, dann fordert sie geradezu, dass wir unsere eigenen Deutungen an ihr erproben und uns deutend mit ihr beschäftigen. »Deutung« geschieht dabei in zwei Richtungen: Einerseits kann ich im Licht eines biblischen Textes meine persönlichen Erfahrungen auf der Folie biblischer Erfahrungen neu anschauen und dabei vielleicht neue Möglichkeiten entdecken, sie zu verstehen. So habe ich beispielsweise in der Situation, als ich überlegte, ob ich mein Studienfach wechseln soll, diese Entscheidung noch einmal ganz anders verstehen können, als ich in einem Gottesdienst zum Jahreswechsel mit dem biblischen Satz konfrontiert wurde: »Lehre uns bedenken, dass wir *sterben* müssen, auf dass wir *klug* werden« (Psalm 90,12). Hatte ich diese Entscheidung bis dorthin nur auf die berufliche Tätigkeit bezogen, eröffnete sich mir durch diesen Satz die Perspektive, dass dies auch eine Entscheidung ist, worin ich den Sinn meines Lebens sehe und wie ich das Leben gestalten möchte.

Andererseits können meine eigenen Erfahrungen auch ein Schlüssel zum Verständnis biblischer Texte sein: Wenn ich beispielsweise große Not erfahren habe und sich mein Schicksal zum Guten gewendet hat, können mir die Klagepsalmen und ihr Umschwung in Dank und Lob plötzlich nachvollziehbar erscheinen.

Diese Chance solch einer gegenseitigen Auslegung zwischen Mensch und Text ist natürlich prinzipiell in jeder Begeg-

> *»Wer die Heilige Schrift erforscht, wird zunächst einmal von ihr selbst erforscht.« (Papst Paul VI.)*

nung mit einer biblischen Geschichte gegeben. Dass es zu einem solchen Prozess kommt, wird jedoch wahrscheinlicher, wenn ich einen Zugang zur Bibel finde, der meine eigenen Erfahrungen bewusst wachruft und diese Erfahrungen auch als Zugang wahrnimmt und wertschätzt (vergleiche Kapitel 5).

Die Bibel ist ein Buch, das den Dialog braucht

Insofern ist die Bibel ein Buch, das den Menschen und seine Lebenserfahrungen braucht, um verstanden zu werden. Das gilt zunächst für jedes Buch – denn wir können Texte nicht »an sich« verstehen, sondern immer nur aus unserer persönlichen Perspektive heraus. Erst im Wechselspiel zwischen Text und Mensch erschließt sich ein möglicher Sinn und erst in der persönlichen Auseinandersetzung findet Verstehen statt. Für die Bibel muss dies aber vielleicht noch einmal besonders betont werden, denn immer noch ist eine Tradition lebendig, die die Bibel als autoritäre Instanz versteht, die vom Menschen Unterordnung und Gehorsam fordert. Insofern lohnt sich gerade für die Bibel ein genauerer Blick, was eigentlich beim Lesen eines Textes zwischen Mensch und Text passiert und wie »Verstehen« und »Deuten« genau geschieht.

Seit einiger Zeit folgen Theologinnen und Theologen immer mehr der Überzeugung (hier haben wir von der Literaturwissenschaft viel gelernt), dass ein Text nicht einen festgelegten Sinn enthält, den man nur entdecken muss. Der »Sinn« eines Textes entsteht vielmehr erst, wenn ein Mensch ihn liest, sozusagen als Folge eines »Gesprächs« zwischen Mensch und Text. Dieses »Gespräch« ist nötig, weil ein Text uns immer »fremd« ist, da er von einem anderen Menschen verfasst wurde. Um einen Text zu verstehen, muss ich ihn mit eigenen Erfahrungen in Beziehung setzen können.

»Die Bibel gleicht einem Acker, der nie abgeerntet werden kann und deshalb nie öde und leer daliegt. Sie gleicht einer Quelle, die beständig fließt und umso reichlicher strömt, je mehr man daraus schöpft.« (Ephraim der Syrer)

Wie aber ist es möglich, dass ein fremder Text und meine eigenen Erfahrungen zusammenkommen? Dafür ist gerade das wichtig, was der Text *nicht* sagt. Jeder Text enthält sogenannte »Leerstellen«, in denen Deutung möglich wird, weil nicht bis ins letzte Detail erklärt wird, was mit dem Geschriebenen gemeint ist. Diese »Leerstellen« fordern mich dazu auf, meinen eigenen Standpunkt zu diesem Text zu beziehen. In diese »Leerstellen« kann ich mich mit meinen persönlichen Erfahrungen hineindenken und mir so einen Zugang zu dem Text erschließen. Spannend und produktiv wird das Lesen dann, wenn beides zusammenkommt: Die Texte provozieren mich mit etwas Neuem, das ich nicht bereits aus meiner Erfahrung kenne, und zugleich bringen sie etwas in mir zum Klingen, das an meine vorhandenen Erfahrungen anknüpft. Das gilt prinzipiell für jeden Text, für die Bibel aber noch einmal ganz besonders.

Damit sind die persönlichen Erfahrungen nicht nur nicht hinderlich, sondern gerade ganz wichtig beim Verstehen biblischer Texte. Ebenso wichtig ist jedoch, mein Verständnis eines Textes als *mein* Verständnis wahrzunehmen und nicht zu glauben, jetzt die eine »richtige« Interpretation gefunden zu haben. Um dies zu vermeiden, kann ich mich mit anderen Menschen über ihr Verständnis des Textes unterhalten und so entdecken, wie die »Leerstellen« eines Textes auch noch anders gefüllt werden können, denn glücklicherweise ist ein Bibeltext immer reicher als das, was ein einzelner Mensch daran entdecken kann.

Ein Beispiel: Eine besonders auffällige »Leerstelle« findet sich am Ende der Erzählung in Matthäus 14,25–33, die von Petrus berichtet, der zunächst auf dem Wasser zu Jesus geht und dann versinkt, als er den starken Wind sieht. Jesus zieht ihn aus dem Wasser und sagt zu ihm: »Du Kleingläubiger, warum hast du gezweifelt?« Dann heißt es in der Bibel: »Und als sie ins Boot gestiegen waren, legte sich der Wind. Die Jünger im Boot aber fielen vor Jesus nieder und sagten: Wahrhaftig, du bist Gottes Sohn.«

Interessanterweise wird hier nicht berichtet, was die Hauptperson, Petrus, an dieser Stelle eigentlich sagt und tut, das ist eine »Leerstelle«, die einen großen Interpretationsspielraum öffnet, der nicht gefüllt werden kann ohne unsere Lebenserfahrungen. Und sie wirft eine Menge Fragen auf: Ist Petrus beschämt, weil er nicht durchgehalten hat? Ist er dankbar für seine Rettung durch Jesus? Stimmt er in das Bekenntnis der anderen ein? Kann er noch gar nichts sagen, weil ihm der Schock noch so tief in den Knochen sitzt, fast ertrunken zu sein? Macht er sich seine Gedanken darüber, dass und warum er es als Einziger gewagt hat, wie Jesus auf dem Wasser zu gehen? Ist er stolz darauf? Ärgert er sich möglicherweise darüber, dass die anderen den Schritt aus dem sicheren Boot heraus nicht gewagt haben, jetzt aber große Worte sprechen? Ist er in diesem Moment Jesus näher als die anderen – oder gerade ferner?

Wie wir Petrus verstehen, hat immer mit unserem eigenen Leben zu tun. Und indem wir mit solchen (und vielen anderen möglichen) Deutungen in die Geschichte eintauchen, kommen wir zu einem tieferen Verständnis dessen, was sie enthält – ohne zu behaupten, sie mit *einer* Deutung »richtig« erfasst zu haben.

Insofern sind biblische Texte immer mehrdeutig. Es gibt nicht die eine feststehende »Botschaft«, die nur herausgearbeitet und dann vermittelt werden müsste, denn ginge man so an den Text heran, dann würde man vielleicht für Matthäus 14,25–33 als zentrale Botschaft herausarbeiten: Wir sollen Gott vertrauen, wenn es bedrohlich wird. Das ist sicher nicht falsch – aber es reduziert den reichen biblischen Text auf eine einzige Aussage und blendet alle weiteren Facetten aus. Damit scheint der Text dann auch »erledigt« – es lohnt sich nicht mehr, sich mit ihm weiter auseinanderzusetzen – und im Grunde genommen braucht man den Bibeltext dann auch nicht, um die Aussage über das Vertrauen in Gott zu treffen.

Eine typische Erfahrung von Gruppen, die gemeinsam die Bibel lesen und sich in einer freien und offenen Atmosphäre darüber austauschen, ist hingegen, dass gerade das Sprechen darüber den Reichtum und die Kraft der Bibel entdecken lässt, denn auch wenn ich die Texte noch so intensiv lese und vieles entdecke, sehe ich immer nur bestimmte Aspekte, die aber von anderen durch ihre Perspektive ergänzt, weitergeführt oder korrigiert werden können.

»»Ist nicht mein Wort wie Feuer – Spruch des Herrn – und wie ein Hammer, der den Felsen zerschmettert?‹ (Jeremia 23,29) In der Schule des Rabbi Ismael hat man diesen Satz folgendermaßen ausgelegt: Was geschieht, wenn der Hammer auf den Felsen aufprallt? Funken sprühen! Ein jeder Funke ist das Ergebnis des Hammerschlags auf den Felsen; aber kein Funke ist das einzige Ergebnis. So kann auch ein einziger Schriftvers viele verschiedene Lehren vermitteln.« (Jakob J. Petuchowski)

Dabei haben Texte jedoch durchaus Intentionen, Standpunkte und stellen durchaus auch Ansprüche an die Leserinnen und Leser. Es gibt allerdings nicht nur die eine richtige Weise, damit umzugehen.

Die Bibel setzt ihren Deutungen selbst eine Grenze

Allerdings: Nicht jede Sinnbildung ist legitim, nicht jede Deutung entspricht einem Text. Es gibt bessere und schlechtere Interpretationen, angemessenere und weniger angemessene Deutungen, und es gibt durchaus auch die Missdeutung, ja den Missbrauch von Texten. Auch dies war Kirche und Theologie schon sehr früh bewusst und ein wichtiges Thema. Entsprechend hat man immer wieder versucht, die Bibel vor unsachgemäßer Deutung, vor Willkür und dem Missbrauch für die eigenen Interessen zu schützen. In der Geschichte gibt es genügend Beispiele, dass biblische Texte in unsachgemäßer und manchmal katastrophaler Weise ausgelegt worden sind. Mit der Bibel sind Menschen unterdrückt und versklavt, verfolgt und getötet worden. Ein zu schrecklichem Ruhm gekommenes Beispiel: Von den Deutschen Christen wurde im Nationalsozialismus der Satz »Sein Blut komme über uns und unsere Kinder« (Matthäus 27,25) als Legitimation für die Verfolgung und Vernichtung des jüdischen Volkes missbraucht. Die Aufforderung Gottes an die ersten Menschen, »Seid fruchtbar und vermehrt euch, bevölkert die Erde, unterwerft sie euch und herrscht über die Fische des Meeres, über die Vögel des Himmels und über alle Tiere, die sich auf dem Land regen« (Genesis 1,28), trug sicher auch zur Ausbeutung der Schöpfung durch den Menschen bei. Sklaverei und Hexenverfolgungen wurden mit biblischen Sätzen begründet, Gewalt, Unterdrückung und Apartheid legitimiert.

Solche Auswüchse lassen es naheliegend erscheinen, die Deutungen der Bibel zu begrenzen. Es hat sich jedoch zunehmend als schwierig erwiesen, die Texte mit einem »Schutzzaun« von außen zu versehen. Dies bleibt letztlich immer Willkür, und die Gefahr ist groß, dass die eigenen Interessen derer, die den »Schutzzaun« ziehen, mit ins Spiel kommen. Letztlich gibt es wohl keinen anderen Weg, als meine eigene Deutung immer wieder am Text selbst und auch am größeren Zusammenhang der Bibel zu überprüfen. Hilfreich ist dafür die Vergewisserung, wie andere in der Vergangenheit und auch heute den Text als sogenannte »Auslegungsgemeinschaft« interpretieren. Vor allem aber muss man selbst sehr genau hinsehen, was da wirklich steht. Dann »diszipliniert« der Text seine Leserinnen und Leser, denn er legt bestimmte Deutungen seiner selbst nahe und andere nicht. Ein Text hat eine »Strategie«, wie es in der Literaturwissenschaft heißt, die die Leserinnen und Leser dazu auffordert, bestimmten Spuren zu folgen. Begebe ich mich auf eine Spur, die mir zwar naheliegt, nicht aber dem Text, werde ich beim Weiterlesen von ihm selbst korrigiert und muss meine Spur wechseln, wenn ich den Text ernst nehme. Vergleichbar ist dies mit einem klassischen englischen Krimi: Wenn ich nach dem ersten Kapitel überzeugt bin, dass der Mörder der Gärtner sein muss, erfahre ich möglicherweise im nächsten, dass dieser zur Zeit des Mordes im Ausland war, und verdächtige im Folgenden den Butler. Erfahre ich wiederum im nächsten Kapitel, dass dieser durch den Tod der Lady seine Existenz verliert und im Testament nicht berücksichtigt wurde, beginne ich nach einer neuen Lösung zu suchen. Die »Strategie« des Krimis lenkt mich auf bestimmte Spuren, die ich immer wieder neu überprüfen und gegebenenfalls korrigieren muss. Ignoriere ich diese Hinweise, lese ich gegen den Text und kann nicht mehr in Anspruch nehmen, ihn verstehen zu wollen. In ähnlicher Weise leiten mich die Texte der Bibel zu bestimmten Deutungen und korrigieren mich gelegentlich auch – wenn ich wirklich beim Text bleibe und nicht bei meinen vorgefassten Meinungen.

Aber sind es denn wirklich nur bestimmte Auslegungen, die sich als problematisch erwiesen haben, oder gibt es auch problematische Texte in der Bibel? Es gibt durchaus einzelne Texte, die aus heutiger Perspektive schwierig erscheinen. Dies sind zum einen solche, die Gewalt beinhalten und die Vernichtung des Feindes wollen (zum Beispiel Psalm 137,9 oder Offenbarung 6–11) oder Herrschaftsverhältnisse aufrichten, besonders gegenüber Frauen (1 Timotheus 2,15) oder Sklaven (1 Petrus 2,18–20). Mit guten Gründen ist es daher durchaus legitim, der einen oder anderen biblischen Aussage auch einmal zu widersprechen – nicht selten auch mit einer anderen biblischen Aussage. Dies macht die Bibel jedoch nicht bedeutungslos. Sie muss deshalb auch nicht als Ganze verworfen werden, sondern der Widerspruch ist das Ergebnis einer intensiven Auseinandersetzung mit der Bibel, dem es nicht gleichgültig ist, was dort steht. Auch der Widerspruch setzt sich zum biblischen Text in Beziehung und tradiert ihn weiter – denn dass etwas heute nicht gelten soll, bedeutet nicht, dass es für alle Zeiten nicht gilt. Insofern ist die Bibel durchaus verbindlich – aber sie übt keinen Zwang aus und negiert nicht die eigene Urteilsbildung, sondern fördert sie.

» ... dieses Buch heißt auch ganz kurzweg das Buch, die Bibel ... Mit Fug nennt man diese auch die Heilige Schrift; wer seinen Gott verloren hat, der kann ihn in diesem Buche wiederfinden, und wer ihn nie gekannt, dem weht hier entgegen der Odem des göttlichen Wortes.« (Heinrich Heine)

Die Bibel

Die Bibel ist aber auch deshalb kein Buch wie jedes andere, weil sie eine besondere Kraft- und Wirkmächtigkeit besitzt. Dies haben Menschen durch Jahrhunderte hindurch immer wieder erlebt: Sie erfahren Trost und Stärkung durch den Umgang mit ihr, sie bekommen Antworten oder finden neue Fragen und sehen einzelne Situationen oder ihr ganzes Leben mit neuen Augen. Sie werden aber auch in ihrer Orientierung bestätigt und korrigiert, sehen neue Perspektiven in schwierigen Situationen und entdecken verändernde Impulse für ihr Leben. Sie gewinnen Motivationen und sind durch das Lesen dieses Buches manchmal einfach auch fröhlich und beschwingt.

Allerdings gibt es auch Menschen, die die Wirkmächtigkeit der Bibel nicht erfahren, und auch Situationen, in denen ihre Kraft nicht spürbar wird. Manchmal neigt man dazu, den Grund dafür in dem jeweils lesenden Menschen zu suchen, so wird zum Beispiel der rechte Glaube als Bedingung dafür genannt, dass man die Kraft der Bibel wirklich erfährt. Allerdings können solche Annahmen nicht erklären, warum derselbe Mensch die Bibel mal so und mal ganz anderes erfährt, und erst recht nicht, warum manchmal gerade Menschen, die der Bibel eher skeptisch gegenüberstehen, ihre eindrückliche Wirkung in besonderer Weise erleben.

Offensichtlich ist diese Kraft der Bibel nicht »eingepflanzt«, sodass sie jederzeit »abrufbar« wäre (was auch einem magischen Verständnis nahe käme). Die Wirkmächtigkeit der Bibel kann sich offenbar nur immer wieder in der konkreten Begegnung mit ihr *erweisen* – im Wissen darum, dass dies oft, aber nicht immer geschieht. Es ist nicht vorhersehbar oder gar

> *»Wende sie (die Tora) und wende sie, denn alles ist in ihr.«* (*Aus dem Talmud*)

»machbar«. Andererseits ist die innere Haltung, mit der die Einzelnen der Bibel begegnen, wiederum nicht gleichgültig. Wenn ich den Texten eine Kraft und eine Wirkung auf Menschen heute *zutraue*, wird die Chance zumindest größer, dass ich diese entdecken und erfahren kann.

Eine solche Haltung zur Bibel lässt sich vielleicht ganz gut als »Zutrauen« benennen. Weil sie weiß, dass die Bibel diese Kraft entfalten kann, ist sie geduldig und sorgfältig im Umgang mit ihr, gerade wenn diese Kraft sich nicht sofort erschließt. Und sie weiß, dass diese Dimension unverfügbar ist, sodass sie nicht damit rechnet, sie immer und jederzeit zu erleben.

Die theologische Tradition deutet diese Erfahrung der Kraft der Texte als Wirken des Heiligen Geistes und damit als Gott selbst. Der Geist bewirkt, dass Menschen vom »Wort Gottes« in der Bibel ergriffen werden. Auch der Geist ist unverfügbar, er weht, wo er will, und ist nicht durch menschliches Bemühen herbeizuzwingen. Ganz offensichtlich können wir jedoch – im Bild gesprochen – »Hindernisse« für das Wehen des Geistes aufbauen, ihm aber auch »einen Weg bahnen«. Die in Kapitel 5 vorgestellten Zugänge verstehen sich als Versuche, den Geist nicht nur nicht zu behindern, sondern ihm den Weg zu öffnen.

3. Blicke in fremde und vertraute Welten:
Was in der Bibel steht

Die Bibel ist nicht nur ein dickes Buch mit vielen Seiten, sie wirkt auch in ihrem Aufbau einigermaßen kompliziert. Zudem lässt sich auf den ersten Blick dabei keine klare Ordnung erkennen. Beginnt man am Anfang oder mittendrin zu lesen, löst dies oft Verwirrung aus: Worum geht es hier eigentlich, wer spricht zu wem, wie sind die uns manchmal fremd erscheinenden Inhalte zu verstehen? Einige Grundinformationen sind hilfreich, wenn man sich mit der Bibel beschäftigt.

Die Bibel als Bibliothek

Im Grunde ist die Bibel kein Buch, sondern eine Sammlung von Büchern – geradezu eine Bibliothek. Ursprünglich ist »*ta biblia*« auch griechisch und meint »die Bücher« im Plural. Da »*biblia*« auf Latein jedoch »das Buch« heißt, konnte das Wort im lateinisch dominierten Mittelalter dann als Singular verstanden werden, sodass wir heute von »der Bibel« sprechen. Dabei ist nicht immer im Blick, dass ihre einzelnen Bücher zu unterschiedlichen Zeiten entstanden sind und auch noch sehr verschiedene Charaktere besitzen, sodass die Bibel alles andere als ein einheitliches Werk ist. Der Zusammenhang der biblischen Bücher oder Schriften besteht darin, dass sie sich alle auf den gleichen Gott beziehen und grundsätzliche Überzeugungen im Glauben an ihn teilen: Gott ist einer, er ist der Schöpfer und Erhalter der Welt, er meint es gut mit den Menschen und mit seiner Schöpfung, er gibt den Menschen Wert und Würde und möchte, dass sie entsprechend miteinander umgehen.

Auf dieser gemeinsamen Grundlage gibt es aber zwischen den einzelnen biblischen Büchern nicht unerhebliche Unterschiede – Unterschiede in den Erfahrungen, die Menschen mit diesem Gott machen, im Gottesbild, aber auch in der Weise, diese Erfahrungen zu beschreiben. Auch die Anliegen der je einzelnen Schriften sind sehr verschieden.

Am auffälligsten ist zunächst einmal die Tatsache, dass die Bibel aus zwei Testamenten besteht. »*Testamentum*« heißt Zeugnis und verweist auf den Aspekt, dass in beiden Teilen der Bibel die Existenz Gottes und die Erfahrungen mit ihm »bezeugt« werden – dass die biblischen Bücher also nicht aus der Außenperspektive über den Glauben an Gott berichten, sondern auf der Grundlage eigener Erfahrungen mit Gott verfasst sind, sozusagen aus erster Hand. Das sogenannte »Alte Testament« hat das Christentum mit dem Judentum gemeinsam und macht deutlich, dass das Christentum jüdische Wurzeln hat beziehungsweise aus dem Judentum hervorgegangen ist: Jesus war Jude und lebte selbstverständlich mit den für das Judentum grundlegenden Schriften, deren Sammlung und Zusammenstellung zur heutigen Form allerdings noch nicht abgeschlossen war. Auch seine Jüngerinnen und Jünger waren Jüdinnen und Juden und verstanden sich während ihrer Zeit mit Jesus auch als solche. Weil das Judentum sehr unterschiedliche Strömungen in sich vereinte, die in manchen Fragen (zum Beispiel in der der Auferstehung, vergleiche Matthäus 22,23–32) verschiedener Meinung waren und sich darüber auch auseinandersetzten, waren die ersten Christen nicht gleich gezwungen, eine neue religiöse Gemeinschaft zu gründen, sondern wurden als Gruppe innerhalb des Judentums verstanden. Erst im Lauf des ersten Jahrhunderts, endgültig dann vermutlich erst im zweiten Jahrhundert grenzte sich das Christentum in einem längeren Prozess vom Judentum ab und verstand sich als eigene Religion. Zu diesem Prozess der Abgrenzung trug auch die Zusammenstellung der Schriften bei, die wir heute als »Neues Testament« kennen. Diese beziehen sich nun dezidiert auf Jesus von Nazaret als den Messias. Insofern ist es nicht erstaunlich, dass nur in diesem Teil der Bibel von Jesus die Rede ist. Christinnen und Christen lesen selbstverständlich die gesamte Bibel aus christlicher Perspektive und verstehen sie von ihrem Glauben an Jesus Christus her. Der Versuch, dem ersten Teil der Bibel »verschlüsselte« Hinweise auf Jesus zu entnehmen, wird jedoch seinem historischen Ort nicht gerecht. Vor allem aber vereinnahmt dieser Zugang die Schriften des Alten Testaments dann für das Christentum und unterstellt indirekt dem Judentum, dass dessen Verständnis unsachgemäß sei und »Christus leugnen« würde, wie ein noch nicht allzu lang verklungener Vorwurf an die Juden aus christlicher Sicht lautete. Allerdings hat Jesus sich vermutlich selbst im Licht dieser Schriften verstanden und ist vor allem von seinen Anhängerinnen und Anhängern als Erfüllung einer in den prophetischen Schriften angekündigten Gestalt begriffen worden. Dies zeigt nicht zuletzt die Bibelstelle Matthäus 16,13 f.: »Als Jesus in das Gebiet von Cäsarea Philippi kam, fragte er seine Jünger: Für wen halten die Leute den Menschensohn? Sie sagten: Die einen für Johannes den Täufer, andere für Elija, wieder andere für Jeremia oder sonst einen Propheten.«

Damit ist bereits das nicht immer unproblematische Verhältnis des Christentums zum »Alten Testament« angesprochen: Schon im zweiten Jahrhundert nach Christus hat es einen ernsthaften Versuch gegeben, diese Schriften als unwichtig für

>»Eine gründliche Kenntnis der Bibel ist mehr wert als ein Universitätsstudium.« (Theodore Roosevelt)

das Christentum zu erklären und sie aus der christlichen Bibel zu streichen. Glücklicherweise wurde diesem Ansinnen damals deutlich widersprochen und das Christentum nicht von seinen jüdischen Wurzeln abgeschnitten. Dennoch wurde (und wird gelegentlich bis heute) der erste Teil der Bibel als »alt« im Sinne von überholt und durch das Neue Testament überboten und abgelöst verstanden. Daher wird zunehmend auch vom »Ersten Testament« gesprochen, um einer Abwertung der mit dem Judentum gemeinsamen Schriften keinen Vorschub zu leisten.

Das Christentum bewahrt diesen Teil der Bibel aber nicht nur aus Erinnerung an seine Wurzeln oder gar aus Pflichtgefühl. Es würde inhaltlich gesehen ganz Wesentliches fehlen, wenn die Bibel nur aus den von Jesus Christus berichtenden Schriften bestehen würde. Die Bücher des Ersten Testaments sind stärker am Alltag der Menschen mit ihren konkreten Lebensfragen orientiert. Sie erzählen durchaus auch von herausgehobenen Erlebnissen, gerade in ihren Erfahrungen mit Gott, aber die allgemein menschlichen Erfahrungen spielen eine größere Rolle als im Neuen Testament. Hier stehen die für die Verfasser der biblischen Schriften so umwälzenden und beeindruckenden Erlebnisse mit Jesus von Nazaret und die Konsequenzen daraus für die, die an ihn glauben, eindeutig im Vordergrund. So wesentlich und grundlegend diese Schriften für Christinnen und Christen sind – ohne das Erste Testament wüssten wir wenig von Gott und seinem Wirken im Leben der Menschen und würden unseren eigenen Glauben kaum verstehen können. Zudem sind die biblischen Bücher des Ersten Testaments in ihrer Vielfalt ein Schatz, der in unerschöpflichem Maß auch heute noch unseren christlichen Glauben bereichert.

Die Bücher der Bibel

Die Zwischenüberschriften und die Verszahlen, die uns heute die Orientierung in der Bibel erleichtern, sind erst viel später in die Texte eingefügt worden. In den ursprünglichen Texten waren sie nicht zu finden. Sie erleichtern aber die Orientierung und helfen dabei, eine Stelle rasch zu finden. Vor allem die Zwischenüberschriften sind jedoch immer auch eine Deutung des Textes, was oft zumindest einengend, manchmal auch problematisch ist. So ist beispielsweise Genesis 3 mit »der Sündenfall« überschrieben, obwohl im Text von Sünde gar nicht die Rede ist. Hier ist also eine bestimmte Auslegung zur Überschrift geworden, die nun die Wahrnehmung und Deutung der nachfolgenden Generationen wiederum lenkt und prägt. Die Verszahlen hingegen sind äußerst hilfreich, gerade wenn man gemeinsam über einen Text spricht, aber auch, wenn wie in diesem Buch Bibelstellen angegeben werden, die man vielleicht nachschlagen möchte. Dabei meint die erste Zahl immer das Kapitel und die Zahl hinter dem Komma den Vers. Ist nur ein Teil des Verses gemeint, so wird der erste mit a und der zweite mit b angegeben.

Das Erste Testament

Beginnen wir also mit diesem Teil der Bibel. Er besteht aus 39 beziehungsweise 46 Schriften, die untereinander noch einmal untergliedert sind.

Die katholische Bibel zählt 46, die evangelische 39 Bücher. Das kam dadurch zustande, dass bis zur Reformation die lateinische Fassung der Bibel, die sogenannte »*Vulgata*«, verwendet wurde, die ihrerseits auf der griechischen Fassung, der sogenannten »*Septuaginta*«, beruhte. Diese enthält einige (griechisch verfasste) Schriften, die das Judentum bei der

Zusammenstellung nicht in den »*Tenach*«, also den Kanon seiner maßgeblichen Schriften aufgenommen hat. Das sind: Tobit, Judit, 1. und 2. Makkabäer, Baruch, die Weisheit Salomos sowie das Sirachbuch. Die Reformatoren bezogen sich aber wieder auf den hebräisch-jüdischen Text, nicht auf die Septuaginta, sodass nach der Reformation diese Schriften in einer evangelischen Bibel fehlen. Sie werden in der evangelischen Kirche aber nicht verworfen, sondern als »deuterokanonisch«, das heißt als weniger zentrale und verbindliche, aber doch sinnvoll zu lesende Schriften anerkannt.

Darüber hinaus sortierte Martin Luther die Schriften der hebräischen Bibel neu, insofern er den Hebräerbrief, den Jakobusbrief und den Judasbrief im Neuen Testament nach hinten ordnete. Seiner theologischen Überzeugung nach wurde hier Christus als zentraler Inhalt der Bibel zu wenig betont. Daher gibt es nun eine jüdische, eine katholische und eine evangelische Auswahl und Anordnung der biblischen Bücher.

Im Judentum werden drei Teile unterschieden: die »*Tora*«, die fünf Bücher Mose, die »*Nebiim*«, die Propheten, und die »*Ketubim*«, die sonstigen Schriften. In der katholischen Tradition wird das Alte Testament in vier Teile eingeteilt: der sogenannte »*Pentateuch*«, das sind ebenfalls die fünf Bücher Mose (»*penta*« heißt auf Griechisch »fünf« und »*teuchos*« sind die Behälter, in denen die Schriftrollen aufbewahrt wurden), die »Geschichtsbücher«, dann ebenfalls die Lehrbücher und Psalmen und schließlich die Propheten. Die evangelische Tradition ordnet die fünf Bücher Mose den Geschichtsbüchern zu. Im Einzelnen enthält das Erste Testament die folgenden Bücher (mit der entsprechenden Abkürzung, unter der sie im Allgemeinen zitiert werden):

Jüdische Tradition	Katholische Tradition	Evangelische Tradition
Tora, »Weisung«:	*Altes Testament, Pentateuch:*	*Altes Testament, Geschichtsbücher:*
Genesis	Genesis (Gen)	1. Mose (Genesis)
Exodus	Exodus (Ex)	2. Mose (Exodus)
Levitikus	Levitikus (Lev)	3. Mose (Levitikus)
Numeri	Numeri (Num)	4. Mose (Numeri)
Deuteronomium	Deuteronomium (Dtn)	5. Mose (Deuteronomium)
Nebiim, »Propheten«:	*Geschichtsbücher:*	
Josua	Josua (Jos)	Josua (Jos)
Richter	Richter (Ri)	Richter (Ri)
1. Samuel	Rut (Rut)	Rut (Rut)
2. Samuel	1. Samuel (1 Sam)	1. Samuel (1 Sam)
1. Könige	2. Samuel (2 Sam)	2. Samuel (2 Sam)
2. Könige	1. Könige (1 Kön)	1. Könige (1 Kön)
Jesaja	2. Könige (2 Kön)	2. Könige (2 Kön)
Jeremia	1. Chronik (1 Chr)	1. Chronik (1 Chr)
Ezechiel	2. Chronik (2 Chr)	2. Chronik (2 Chr)
Hosea	Esra (Esr)	Esra (Esr)
Joel	Nehemia (Neh)	Nehemia (Neh)
Amos	Tobit (Tob)	
Obadja	Judit (Jdt)	
Jona	Ester (Est)	Ester (Est)
Micha	1. Makkabäer (1 Makk)	
Nahum	2. Makkabäer (2 Makk)	
Habakuk		
Zefanja	*Lehrbücher und Psalmen:*	*Lehrbücher und Psalmen:*
Haggai	Hiob (Hi)	Hiob (Hi)
Sacharja	Psalmen (Ps)	Psalmen (Ps)

Jüdische Tradition	Katholische Tradition	Evangelische Tradition
Maleachi	Sprichwörter (Spr)	Sprichwörter (Spr)
	Kohelet (Koh)	Prediger Salomo (Pred)
Ketubim, »Schriften«	Hoheslied (Hhld)	Hoheslied (Hhdl)
Psalmen	Weisheit Salomos (Weish)	
Hiob	Jesus Sirach (Sir)	
Sprichwörter		
Rut	*Prophetische Bücher:*	*Prophetische Bücher:*
Hoheslied	Jesaja (Jes)	Jesaja (Jes)
Kohelet	Jeremia (Jer)	Jeremia (Jer)
Klagelieder	Klagelieder (Klgl)	Klagelieder (Klgl)
Ester	Baruch (Bar)	
Daniel	Ezechiel (Ez)	Hesekiel (Ezechiel) (Hes/Ez)
Esra	Daniel (Dan)	Daniel (Dan)
Nehemia	Hosea (Hos)	Hosea (Hos)
1. Chronik	Joel (Jo)	Joel (Jo)
2. Chronik	Amos (Am)	Amos (Am)
	Obadja (Ob)	Obadja (Ob)
	Jona (Jon)	Jona (Jon)
	Micha (Mi)	Micha (Mi)
	Nahum (Nah)	Nahum (Nah)
	Habakuk (Hab)	Habakuk (Hab)
	Zefanja (Zef)	Zefanja (Zef)
	Haggai (Hag)	Haggai (Hag)
	Sacharja (Sach)	Sacharja (Sach)
	Maleachi (Mal)	Maleachi (Mal)

(Übersicht aus: Gerlinde Baumann: *Die Bibel. Wissen was stimmt*, Freiburg im Breisgau 2008, S. 45 f.)

Blicke in fremde und vertraute Welten

Die fünf Bücher Mose

Die fünf Bücher Mose (sie heißen Genesis, Exodus, Levitikus, Numeri und Deuteronomium) spannen einen weiten Bogen. Sie erzählen:

> den Anfang der Welt und der Urzeit der Menschen,
> die Geschichte der Erzeltern Israels, denen Gott sich als ihr Gott zeigt und mit denen er durch ihre Familiengeschichten geht,
> von der Sklaverei Israels in Ägypten und ihrer Befreiung aus dieser durch Gott,
> von der Zeit Israels in der Wüste, in der Gott sie begleitet und ihnen hilft, aber auch von ihnen verlangt, dass sie zu ihm halten und sich zu ihm bekennen – was das Volk Israel nicht immer tut,
> von den Geboten und Ordnungen für das Leben des Volkes Israel miteinander und mit Gott.

Dieser Erzählbogen ist vom Charakter her wesentlich mythisch und legendenhaft geprägt. Die Geschichten, die hier erzählt werden, berichten keine historischen Fakten, sondern verarbeiten Erfahrungen von Menschen, indem sie sie in einem größeren Zusammenhang deuten und damit einen Sinn suchen in dem, was geschehen ist. Dabei beziehen sie die Erfahrungen des Volkes Israel konsequent auf das Wirken seines Gottes. Alle wichtigen Themen – die Entstehung der Welt, das Leben von Familien und von Einzelnen, das Erleben von Sklaverei und Befreiung, die Suche nach Land und sozialer Ordnung – werden im Licht des Wirkens Gottes gedeutet, von dem Menschen immer wieder ergriffen und geprägt werden. Die Geschichten lassen sich lesen als Antworten auf die wesentlichen Fragen des Lebens: Woher kommen wir? Was ist der Mensch, und was ist seine Aufgabe in der Welt? Worin liegt der Grund unseres Daseins? Wer garantiert, dass wir und die Welt bleiben und nicht plötzlich ins Nichts fallen? Was geschieht, wenn sich Menschen gegen Menschen wenden und Macht und Gewalt ausüben? Wo ist dann die höhere Gerechtigkeit und Ordnung? Bleiben die Mächtigen immer mächtig oder gibt es eine Möglichkeit, die Logik der Macht zu durchbrechen? Wie können Menschen so zusammenleben, dass es allen, auch den Schwachen, gut geht?

Dies sind Fragen, die uns heute in unserer Kultur und Zeit ebenso beschäftigen und mit denen wir uns besonders in den ersten Büchern der Bibel wieder finden. Dabei geben die biblischen Texte keine fertigen Antworten, die wir nur zu übernehmen hätten, aber sie bieten Deutungen an, die auch für uns und unsere Zeit wesentliche Anstöße liefern und uns bei der Suche nach unseren Antworten Hilfestellung leisten können. Allein die Überzeugung, dass wir nicht zufällig auf der Welt sind, sondern gewollt und wertgeschätzt, und dass wir diesen Wert auch behalten, wenn die Lebensumstände widrig sind, macht einen erheblichen Unterschied für das Lebensgefühl aus. Auch die Einsicht, dass die ungerechten Verhältnisse auf der Welt nicht so sein müssen und dass es eine Macht gibt, die sie nicht das letzte Wort haben lässt, verändert die Lebensperspektive von Menschen, nicht nur in der Entstehungszeit der Bibel.

Die Geschichtsbücher

wie ?

Aber Gott zeigt sich nicht nur im Mythos, sondern handelt auch in der Geschichte. Die nächste Gruppe von biblischen Büchern ist eher der Geschichtsschreibung zuzuordnen, die wiederum auf Gott bezogen ist und als Wirken Gottes gedeutet wird. Die Bücher Josua, Richter und Rut erzählen von der vorstaatlichen Zeit Israels, die historisch etwa 1200 bis 1000 vor Christus anzusetzen ist. Sie tun dies allerdings aus der Rückschau (sie sind zwischen dem 9. und 4. Jahrhundert vor Christus entstanden) und folgen natürlich nicht dem modernen

Konzept von Geschichtsschreibung, sondern entsprechen den Kategorien und Denkmustern ihrer Zeit. So ist es aus heutiger Perspektive auch ihnen gegenüber nicht sinnvoll, sie auf historische Korrektheit zu befragen – wie es Mitte des Jahrhunderts das Werk »*Und die Bibel hat doch recht*« von Werner Keller, das 1955 in erster Auflage erschien, versuchte.

Archäologisch ist mittlerweile nachgewiesen, dass beispielsweise Jericho nicht, wie es Josua 6 berichtet, erobert worden ist, weil die Mauern einstürzten, nachdem die Israeliten ihre Posaunen haben erschallen lassen. Entscheidend ist jedoch, dass das kleine Volk Israel mit Gottes Hilfe Heimat und Lebensmöglichkeiten gefunden hat. Dass es auch in Israel nicht ohne Konflikte, Machtspiele und schwierige Suchprozesse nach gerechter sozialer Ordnung abging, zeigen die Richterbücher besonders deutlich. Es sind, wie im Richterbuch und besonders eindrücklich im Buch Rut geschildert, einzelne Menschen – und zwar, was in diesem Kulturkreis alles andere als selbstverständlich ist, Frauen und Männer –, die durch ihre Persönlichkeit, ihren Mut, ihre Entscheidungen in schwierigen Situationen, vor allem aber durch ihr Gottvertrauen Wege zum Besseren finden und auch für andere solche Wege bahnen.

Auch die Samuel-, Könige- und Chronikbücher (es sind jeweils zwei) betreiben – nach damaligen Maßstäben – Geschichtsschreibung. Sie erzählen (ebenfalls in der Rückschau) von der Entstehung des Königtums und berichten von den verschiedenen Königen und ihren Auseinandersetzungen nach außen und nach innen, bieten aber zudem immer wieder Einblicke in das Leben der »ganz normalen« Menschen. Auch das Königtum ist für die Bibel nicht ohne Gott zu denken. Von Anfang an und durch seine Geschichte hindurch wird es jedoch sehr ambivalent in seiner Beziehung zu Gott gesehen: Einerseits wurde der König als von Gott erwählt verstanden, andererseits standen die Könige immer in der Gefahr von

Machtmissbrauch und Selbstüberschätzung, die dann von Gott geahndet wurde. Die Geschichte wird dabei als Ringen um gelingende Modelle von sozialem Zusammenleben deutlich, in der sich Herrschaft und Macht als Teil einer größeren – göttlichen – Ordnung verstehen.

Die Geschichtserzählungen werden dann in den Büchern Esra und Nehemia weitergeführt, die von der Rückkehr des Volkes Israel in sein Land nach dem babylonischen Exil erzählen. Die breit ausgeführten Berichte vom Wiederaufbau des Tempels spiegeln die Suche nach nationaler Identität und religiösem Zentrum wider.

Die zwischen dem 4. und 2. Jahrhundert vor Christus entstandenen Bücher Ester, Tobit und Judit sind hingegen stärker romanhaft geprägt. Sie stellen die Personen, nach denen die Bücher benannt sind, ins Zentrum. Bei allen dreien geht es um die Suche nach den richtigen Entscheidungen in schwierigen Situationen, die anderen als Modell dienen können.

Die Lehrbücher und Psalmen

Die dritte Gruppe der alttestamentlichen Bücher umfasst poetische und weisheitliche Schriften. Das bekannteste dieser Bücher dürfte der »*Psalter*« sein, eine Sammlung von 150 Liedern bzw. Gebeten, die in poetischer Form und mit großer Sprachkraft ganz existenzielle Erfahrungen ausdrücken. Wie wohl kein anderes biblisches Buch bieten die Psalmen die Möglichkeit, dass Menschen sich in ihnen wiederfinden und sich die Worte der Psalmen »leihen«, wenn sie zum Beispiel in ihrer Trauer keine eigenen Worte mehr finden. Dies gilt vor allem für die sogenannten »Klagepsalmen«, die menschliches Leiden und menschliche Bedrängnis in bewegenden Sprachbildern ausdrücken und vor Gott tragen. Dabei setzen sie sich intensiv mit Gott auseinander, und manchmal wird die Klage auch zur Anklage Gottes: »Wie lange noch, Herr, vergisst du

mich ganz? Wie lange noch verbirgst du dein Gesicht vor mir?«
(Psalm 13,2) oder: »Warum, Gott, hast du uns für immer ver-
stoßen? Warum ist dein Zorn gegen die Herde deiner Weide
entbrannt?« (Psalm 74,1). Charakteristisch für die Psalmen
ist es dabei, dass sie in der Regel nicht bei der Klage stehen-
bleiben, sondern im Lauf des Textes ein Umschwung erfolgt –
ohne dass wir erfahren, wodurch dieser ausgelöst wurde –, der
den Psalmbeter ein Lob Gottes und einen Dank für seine Rettung anstimmen lässt.

Andere Psalmen preisen die Schöpfung (zum Beispiel Psalm
8 und 104) oder die Macht Gottes über die Welt (zum Beispiel
Psalm 78).

Auch das Hohelied (hebräisch heißt es das »Lied der Lieder«) ist ein poetischer Text. Es ist – was in der Bibel vielleicht
zunächst überraschend erscheint – eine Sammlung von Lie-
besliedern durchaus erotischer Natur, die eine Frau und ein
Mann sich gegenseitig zusingen. Lange Jahrhunderte ist es
ausschließlich allegorisch als die Beschreibung der Beziehung
zwischen Gott und seinem Volk gedeutet worden, weil die
deutlich erotische Dimension sonst offensichtlich in der Bibel
kaum akzeptabel gewesen wäre. Heute sehen wir es gerade als
Ausdruck des Reichtums der Bibel, dass erotische Lieder einen
Platz in ihr haben – der Bibel ist nichts Menschliches fremd
und die Liebe in allen ihren Dimensionen ganz bestimmt am
allerwenigsten.

Auch die weisheitlichen Schriften – das dem König Salomo
zugeschriebene Buch der Sprüche, das Buch Hiob, Kohelet

> »Verherrlicht mit mir den Herrn, lasst uns gemeinsam seinen Namen
> rühmen. Ich suchte den Herrn, und er hat mich erhört, er hat mich
> all meinen Ängsten entrissen.« (Psalm 34,4–5)

»Leg mich wie ein Siegel auf dein Herz, wie ein Siegel an deinen Arm! Stark wie der Tod ist die Liebe, die Leidenschaft ist hart wie die Unterwelt. Ihre Gluten sind Feuergluten, gewaltige Flammen. Auch mächtige Wasser können die Liebe nicht löschen; auch Ströme schwemmen sie nicht weg. Böte einer für die Liebe den ganzen Reichtum seines Hauses, nur verachten würde man ihn.«
(Hohelied 8,6 f.)

beziehungsweise Prediger Salomos sowie die Weisheit Salomos und das (sich nicht im evangelischen Kanon befindende) Sirachbuch – behandeln grundlegende Themen des Menschseins. Es finden sich tiefgründige Weisheiten darin, manchmal aber auch konkrete Ratschläge für das Leben im Alltag. Gott kommt häufig nur indirekt ins Spiel. Die Texte sind in dem Bewusstsein formuliert, dass er nicht selbstverständlich präsent und schon gar nicht verfügbar ist, sondern dass das Leben aus Suchen und Fragen nach dem Sinn und dem rechten Weg besteht.

Das Buch Hiob setzt sich mit der zu allen Zeiten grundlegenden Frage nach dem Zusammenhang zwischen Leiden bzw. Glück und einem guten und gerechten Leben auseinander, das heißt mit den Fragen: Wie kann es sein, dass gute Menschen leiden müssen? Und was bedeutet das für den Glauben an den allmächtigen Gott, wenn man dies erlebt?

Die Propheten

Die prophetischen Bücher hingegen folgen noch einmal einem anderen Genre. Prophetinnen und Propheten leben in einer besonders unmittelbaren Beziehung zu Gott und erhalten von ihm Aufträge, dem Volk oder dem König etwas auszurichten.

»Hoffart kommt vor dem Sturz, und Hochmut kommt vor dem Fall.« (Sprüche 16,18)

Da es dabei häufig um Kritik am Verhalten des Volkes geht (beispielsweise um asoziale Verhältnisse, Ungerechtigkeit, Abwendung von Gott) und Gott dessen Umkehr fordert, macht ihre Verkündigung die Propheten beim Volk und vor allem bei den Herrschenden nicht unbedingt beliebt, sodass sie teilweise unter ihrem Auftrag erheblich zu leiden haben. Die Prophetenbücher spiegeln die Lebensverhältnisse, die Probleme und auch herausragende zeitgeschichtliche Ereignisse ihrer Zeit wider. So ist ein Teil des Jesajabuches von der Hoffnung geprägt, die dann auch erfüllt wird, dass die Israeliten, die in Babylon unter fremder Herrschaft leben, in ihr Land zurückkehren dürfen. Gerade diese Hoffnungsbilder sind in ihrer kraftvollen Sprache aber weit über die konkrete Situation hinaus und auch für uns heute eindrücklich und berührend.

Neben dem Jesajabuch gibt es noch zwei längere prophetische Bücher, Jeremia und Ezechiel (der auch Hesekiel genannt wird). Die Klagelieder des Jeremia, das Buch Baruch und der Brief des Jeremia werden diesem Propheten ebenfalls zugeschrieben, sind aber deutlich jünger. Dann gibt es die zwölf Bücher der »kleinen Propheten«, die zu unterschiedlichen Zeiten entstanden sind. Sie behandeln ganz verschiedene Themen, immer aber geht es um den Willen Gottes für diese Welt und die Auseinandersetzung damit, welches Handeln ihm gerecht

»Jetzt aber – so spricht der Herr, der dich geschaffen hat, Jakob, und der dich geformt hat, Israel: Fürchte dich nicht, denn ich habe dich ausgelöst, ich habe dich beim Namen gerufen, du gehörst mir. Wenn du durchs Wasser schreitest, bin ich bei dir, wenn durch Ströme, dann reißen sie dich nicht fort. Wenn du durchs Feuer gehst, wirst du nicht versengt, keine Flamme wird dich verbrennen. Denn ich, der Herr, bin dein Gott, ich, der Heilige Israels, bin dein Retter.«
(Jesaja 43, 1–3a)

»Sieh her: Wer nicht rechtschaffen ist, schwindet dahin, der Gerechte aber bleibt wegen seiner Treue am Leben. Wahrhaftig, der Reichtum ist trügerisch, wer hochmütig ist, kommt nicht ans Ziel, wenn er auch seinen Rachen aufsperrt wie die Unterwelt und unersättlich ist wie der Tod, wenn er auch alle Völker zusammentreibt und alle Nationen um sich vereinigt.« (Habakuk 2,4.5)

wird und was geschieht, wenn die Menschen nicht seinen, sondern ihren eigenen Wegen folgen. Besonders die Bücher Amos, Micha und Habakuk sind dabei sozialpolitisch manchmal von unglaublicher Aktualität.

Das Buch Daniel schließlich schildert wiederum, wie der Israelit Daniel im Exil seine Religion am babylonischen Hof trotz der damit verbundenen Schwierigkeiten durchhält und darin von Gott unterstützt wird.

Das Neue Testament

Das Neue Testament ist deutlich kürzer als das Erste – nur etwa ein Drittel so lang – und inhaltlich wesentlich stärker konzentriert: Es geht um die Person Jesu von Nazaret und die Konsequenzen des Glaubens, dass Gott ihn als Messias gesandt hat und dass mit ihm sein Reich anbricht. Der Glaube an Gott und das Leben in der Beziehung zu ihm werden unlösbar mit der Beziehung zu Jesus verbunden. Es ist ursprünglich in griechischer Sprache verfasst und wird daher manchmal auch die »griechische Bibel« genannt.

Die Bücher des Neuen Testaments im Überblick

Katholische Tradition	Evangelische Tradition
Evangelien:	*Geschichtsbücher:*
Matthäus (Mt)	Matthäus (Mt)
Markus (Mk)	Markus (Mk)
Lukas (Lk)	Lukas (Lk)
Johannes (Joh)	Johannes (Joh)
Apostelgeschichte (Apg)	Apostelgeschichte (Apg)
Paulusbriefe:	*Briefe:*
Römerbrief (Röm)	Römerbrief (Röm)
1. Korintherbrief (1 Kor)	1. Korintherbrief (1 Kor)
2. Korintherbrief (2 Kor)	2. Korintherbrief (2 Kor)
Galaterbrief (Gal)	Galaterbrief (Gal)
Epheserbrief (Eph)	Epheserbrief (Eph)
Philipperbrief (Phil)	Philipperbrief (Phil)
Kolosserbrief (Kol)	Kolosserbrief (Kol)
1. Thessalonicherbrief (1 Thess)	1. Thessalonicherbrief (1 Thess)
2. Thessalonicherbrief (2 Thess)	2. Thessalonicherbrief (2 Thess)
Pastoralbriefe	
1. Timotheusbrief (1 Tim)	1. Timotheusbrief (1 Tim)
2. Timotheusbrief (2 Tim)	2. Timotheusbrief (2 Tim)
Titusbrief (Tit)	Titusbrief (Tit)
Philemonbrief (Phlm)	Philemonbrief (Phlm)
Hebräerbrief (Hebr)	
Katholische Briefe:	
Jakobusbrief (Jak)	Jakobusbrief (Jak)
1. Petrusbrief (1 Petr)	1. Petrusbrief (1 Petr)
2. Petrusbrief (2 Petr)	2. Petrusbrief (2 Petr)
1 Johannesbrief (1 Joh)	1 Johannesbrief (1 Joh)
2. Johannesbrief (2 Joh)	2. Johannesbrief (2 Joh)
3. Johannesbrief (3 Joh)	3. Johannesbrief (3 Joh)

Katholische Tradition	Evangelische Tradition
	Hebräerbrief (Hebr)
	Jakobusbrief (Jak)
Judasbrief (Jud)	Judasbrief (Jud)
	Prophetisches Buch:
Johannesoffenbarung (Offb)	Johannesoffenbarung/Apokalypse (Offb/Apk)

(Überblick aus: Gerlinde Baumann: *Die Bibel. Wissen was stimmt*, Freiburg im Breisgau 2008, S. 46 f.)

Die Evangelien und die Apostelgeschichte

Das Leben, Sterben und die Auferstehung Jesu ist das Thema der vier Evangelien (wörtlich heißt »*euangelion*« »gute Botschaft«, das Wort findet sich in Markus 1,1), die das Neue Testament eröffnen. Sie erzählen von den Worten und Taten Jesu während seines Wirkens in Galiläa, bei dem er Anhängerinnen und Anhänger um sich versammelte und mit ihnen durch das Land zog. Er verkündete, dass mit seiner Person das Reich Gottes, die heilvolle Herrschaft Gottes am Ende der Zeiten nahe herbeigekommen sei und die Menschen entsprechend leben sollten. Dieses Reich Gottes ist eine schon im Ersten Testament angekündigte Zeit, in der es kein Leid und keine Tränen, keine Gewalt, Ungerechtigkeit und Unterdrückung mehr geben wird. Als Zeichen, dass diese Zeit mit ihm angebrochen ist, heilte Jesus Kranke und weckte Tote auf. Er erntete Begeisterung, und viele folgten ihm nach. Dennoch war er auch umstritten und wurde als gefährlich für die soziale Ordnung unter römischer Herrschaft eingeschätzt. Dies führte zu seinem Tod am Kreuz, der aber nicht, wie es erwartbar gewesen wäre, das Ende der Jesusbewegung war, sondern gerade dazu führte, dass aus dieser Bewegung letztlich eine Weltreligion wurde. Seine Jüngerinnen und Jünger bezeugten, dass entgegen aller menschlichen Logik der Tod nicht das letzte

Wort hat, sondern Gott Jesus von den Toten auferweckt hatte. Hier setzt die Apostelgeschichte ein, die vom gleichen Verfasser stammt wie das Lukasevangelium. Sie berichtet davon, wie Jesus in den Himmel aufgenommen wurde und wie es danach mit der Jesusbewegung weiterging, obwohl ihr »Meister«, wie sie Jesus nannten, nicht mehr körperlich anwesend war, an dessen Auferweckung sie aber glaubten.

Auch die Evangelien sind keine historische Geschichtsschreibung nach unserem heutigen Verständnis. Sie sind zwischen 70 nach Christus (Markusevangelium) und ca. 100 bis 120 nach Christus (Johannesevangelium) verfasst worden, können also kaum von Menschen stammen, die Jesus selbst gekannt haben. Den Verfassern liegt daran, die Ursprünge der Bewegung festzuhalten, und zwar gerade im Blick auf ihre Bedeutung für die, die dies lesen und hören und die ebenfalls Jesus selbst nicht mehr kennengelernt haben. Dabei beziehen sie sich durchaus auf historische Fakten, die jedoch in einer bestimmten Weise ausgewählt, arrangiert und mit Deutungen versehen werden.

Dass die Texte Deutungen vornehmen, zeigt sich besonders deutlich, weil wir – glücklicherweise – vier Evangelien haben und nicht nur eines. Diese vier Evangelien stehen nebeneinander in ihren Gemeinsamkeiten, aber auch in ihren Unterschieden. Drei davon, Matthäus, Markus und Lukas, weisen größere Gemeinsamkeiten auf und sind auch literarisch voneinander abhängig, das heißt: Matthäus und Lukas haben aller Wahrscheinlichkeit nach das ältere Markusevangelium gekannt und – neben einer weiteren Quelle – Texte daraus verwendet. Das Johannesevangelium ist vermutlich literarisch eigenständig und hat mit seinen längeren Redepassagen und stärker theologisch reflektierenden Passagen einen anderen Charakter. Es spiegelt zudem deutlicher die Auseinandersetzungen des entstehenden Christentums mit dem Judentum. Es enthält daher abgrenzende Äußerungen gegenüber »den Juden«, was zur Zeit Jesu, als er selbst und seine Jüngerinnen und Jünger sich noch selbstverständlich als Teil des Judentums verstanden, in dieser Formulierung sinnlos gewesen wäre. Bei der endgültigen Zusammenstellung der verschiedenen Schriften zu *der Bibel* wurde mit den vier Evangelien offensichtlich bewusst in Kauf genommen, dass die Leserinnen und Leser das Leben und die Botschaft Jesu in unterschiedlichen Fassungen kennenlernen, die durchaus unterschiedliche Akzente haben und an manchen Stellen sogar Widersprüche enthalten. Hier wird besonders deutlich, dass der Text dazu auffordert, sich selbst damit auseinanderzusetzen. Ebenso wird der Mut deutlich, unterschiedliche Lesarten zu- und nebeneinander stehen zu lassen.

Die Briefe

Die weitaus größte Zahl der Schriften im Neuen Testament sind Briefe – 21 insgesamt. Viele sind vermutlich wirklich von einer konkreten Person an eine konkrete Gemeinde verfasst worden. Meist antworten die Briefe auf Fragen, die sich in einer Gemeinde stellen und auf die sie selbst keine Antwort gefunden hat. Deshalb sucht sie den Rat eines in ihren Augen kompetenten Menschen – nicht selten des Gründers der Gemeinde. Solche Fragen sind zum Beispiel: Wie wird denn die Auferstehung der Toten genau vonstattengehen (1 Thessalonicher)? Wie soll es denn mit den sozialen Verhältnissen in unserer Gemeinde geregelt sein, sind wirklich alle gleich oder gibt es nicht faktische Unterschiede zwischen Armen und Reichen, zwischen Frauen und Männern (Galater 3,28)? Welches Verhältnis sollen wir zum römischen Staat, zur politischen Obrigkeit einnehmen (Römer 13)? Und was ist, wenn der Mensch, den ich heiraten möchte, nicht an Jesus Christus glaubt (1 Korinther 7,12–14)? Die biblischen Briefe beantworten diese Anliegen, gehen aber über die ganz praktische Ebene hinaus, indem sie alle konkreten Fragen der einen großen Frage zuordnen, was der Glaube an Jesus von Nazaret als den Messias für das Leben der Einzelnen und der Gemeinschaft bedeutet. Deswegen enthalten sie viel »Theologie« im engeren Sinn des Wortes, das heißt, sie sprechen von Gott beziehungsweise von Jesus als dem Messias. Manche Passagen sind deshalb auch nicht so leicht zugänglich wie beispielsweise die Evangelien und Geschichten aus dem Ersten Testament, weil sie weniger erzählen als argumentieren. Zudem geht es häufiger um Begrifflich-Abstraktes. Oft kommt man dem Text näher, wenn man fragt, was sein Anliegen ist, worum es ihm im Kern geht. Auch kreative Zugänge (vergleiche Kapitel 5) sind bei diesen eher »trockenen« Texten besonders hilfreich. Das gilt auch dann, wenn eine Schrift zwar in der Briefform abgefasst, aber vermutlich nie als »echter« Brief abgeschickt wurde, wie es beispielsweise beim Hebräerbrief vermutlich der Fall war. Hier ist die Form des Briefes lediglich »Mittel zum Zweck«, sie wird also nur verwendet, um den Inhalt zu transportieren.

Die Briefe sind zwischen 50 und 150 nach Christus verfasst (die ältesten Briefe sind also vor den Evangelien geschrieben!) und spiegeln gleichzeitig die Entwicklung der entstehenden christlichen Kirche wider. Wir erfahren auch einiges über die Person des Paulus, von dem zwar nicht alle ihm zugeschriebenen Briefe stammen, aller Wahrscheinlichkeit nach aber die Briefe an die Gemeinden in Rom, in Korinth, in Galatien, in Philippi sowie der erste Brief an die Gemeinde in Thessaloniki und der Brief an Philemon.

Die Offenbarung des Johannes

Das letzte Buch der Bibel handelt passenderweise von den »letzten Dingen«: In der Offenbarung oder auch Apokalypse des Johannes werden Visionen für das Ende der Zeiten geschildert, von dem die ersten Christinnen und Christen überzeugt waren, dass es unmittelbar bevorstand. Für uns heute klingen diese Visionen in der Regel sehr fremd. Sie verweisen noch einmal auf den historischen Kontext der Bibel und ihre »Fremdheit« uns gegenüber. Vermutlich ist das Buch auch eine Art innerer Widerstand der Menschen gegen die damalige römische Herrschaft, unter der sie litten und deren Ende sie ersehnten. Auf dieser Grundlage – wenn ich also nicht erwarte, dass die Bibel etwas so darstellt, wie wir es heute tun würden – ist dann aber die Lektüre durchaus interessant, weil sie erneut menschliche Grundfragen stellt: Geht die Welt immer so weiter? Und wenn nicht: Wohin geht die Reise dann? Wie hängt das, was ich hier erlebe und tue, mit meinem Schicksal jenseits der Welt zusammen? Gibt es nicht doch eine ausgleichende Gerechtigkeit für diejenigen, die es in ihrem Leben so schwer gehabt haben?

Die Entstehung der Bibel

Die Entstehung der Bibel bis zu der Form, in der sie uns heute vorliegt, ist ein langer und komplizierter Prozess, über den wir manches, aber lange nicht alles wissen. Vor allem die Bücher des Ersten Testaments hatten mit großer Wahrscheinlichkeit mündliche Vorformen, möglicherweise Sagen oder Geschichten über bestimmte Personen oder Orte, die – wie in Kulturen ohne verbreitete Schriftlichkeit üblich – von Mund zu Mund, von Generation zu Generation weitererzählt wurden. Irgendwann einmal wurden sie aufgeschrieben und in ihrer schriftlichen Form dann weiter verändert: angereichert mit anderen Aspekten, etwas wurde weggelassen, anderes kam hinzu. Dieser Prozess der Verschriftlichung begann vermutlich um 1000 vor Christus für die ältesten Passagen der Bibel, dauerte dann aber über viele Jahrhunderte an. Literarisch produktiv wirkte sich aus, dass 722 vor Christus der nördliche Teil Israels (das »Nordreich«) und 587 vor Christus auch der südliche Teil (das »Südreich«) von fremden Mächten erobert wurden, jeweils ihre staatliche Selbstständigkeit verloren und aus dem Südreich dann die Oberschicht ins babylonische Exil verbannt (wir würden heute sagen: zwangsumgesiedelt) wurde. Diese umwälzenden und die Identität des Volkes Israel bedrohenden Veränderungen legten es nahe, die Ursprünge des Volkes und seine Erlebnisse in der eigenen Geschichte hindurch schriftlich festzuhalten. Dabei wurde immer wieder die Frage gestellt und beantwortet, ob Gott denn sein Volk verlassen habe, wenn es besiegt und sogar der Tempel als Sitz Gottes zerstört wurde, oder ob Gott seinem Volk dennoch die Treue hält und wie sich das dann zeigt. Vor diesem Hintergrund wurde das überlieferte Material nicht nur neu sortiert, sondern teilweise auch neu gedeutet und weitreichend ergänzt.

Insofern wissen wir auch nur in wenigen Fällen, wer genau einen biblischen Text verfasst hat. Es sind keine »Schriftsteller« oder »Autorinnen« im modernen Sinn, die als Individuum ein bestimmtes Anliegen mit einem formulierten Text verfolgen, sondern die biblischen Schriften sind unter Beteiligung vieler Menschen nach und nach gewachsen. Wenn in der Bibel Namen als Verfasser angegeben worden sind – beispielsweise die ersten fünf Bücher der Bibel Mose zugeschrieben werden oder viele Psalmen David als Verfasser nennen –, dann sind das in der Regel spätere Zuschreibungen. Dies ist nicht, wie es heute der Fall wäre, als »Betrug« zu verstehen, sondern drückt eine Wertschätzung für den fiktiven Autor aus, ordnet das Werk in seine Tradition ein und nimmt die Autorität des bekannten Namens in Anspruch. Bei den prophetischen Büchern, die vermutlich zumindest zum Teil wirklich auf Personen mit dem Namen Jesaja, Jeremia, Amos oder Micha zurückgehen, verhält es sich anders. Auch »Jesus Sirach« ist vermutlich eine historische Persönlichkeit gewesen. Ähnliches gilt für einige Briefe im Neuen Testament, die vermutlich wirklich von einer Persönlichkeit namens Paulus stammen und die in diesen Briefen auch historisch greifbar wird. Allerdings sind sechs der dreizehn Paulus zugeschriebenen Briefe aller Wahrscheinlichkeit nicht von ihm verfasst, ebenso wenig wie der Petrusbrief von Petrus geschrieben worden ist.

Selbst nachdem die Texte eine Form gefunden hatten, in der sie überliefert wurden, gab es unabsichtlich weitere Veränderungen: Da die biblischen Texte über Jahrhunderte hinweg immer wieder von Hand abgeschrieben wurden, hat sich der eine oder andere Übertragungsfehler eingeschlichen, der dann beim nächsten Abschreiben wieder übernommen wurde und somit in die Tradition überging und zum Textbestand wurde.

Die biblischen Bücher wurden zunächst einzeln oder in Gruppen überliefert. Erst viel später sind sie zusammengestellt und dabei auch neu sortiert worden. So beginnt das erste Buch der Bibel, die Genesis (zu Deutsch: »Ursprung, Anfang«) zwar mit der Erzählung von der Schöpfung der Welt, genauer gesagt sogar mit zwei Erzählungen, von denen die eine älter, die andere jünger ist. Aber auch diese ältere ist damit nicht das älteste Buch der Bibel.

*Zum **Weiterlesen** über **Verfasser** und **Entstehungszeit** der Bibel und ihren Büchern:*

> *Gerlinde Baumann: Die Bibel. Wissen was stimmt, Freiburg im Breisgau 2008*
> *Heinz-Josef Fabry/Georg Braulik/Erich Zenger: Einleitung in das Alte Testament. Stuttgart 2008*
> *Ingo Broer: Einleitung in das Neue Testament, Würzburg 2006*
> *Udo Schnelle: Einleitung in das Neue Testament, Göttingen 2005*

Wie wurde denn nun aus den verschiedenen Schriften die Bibel? Wer hat entschieden, welche Bücher zur Bibel gehören? Dies sind die Fragen nach der sogenannten »Kanonbildung«. »*Kanon*« bedeutet »Richtschnur« oder »Maßstab«. Die Bücher, die zu ihm gehören, sind also »maßgeblich« – maßgeblich für den christlichen Glauben und für die christliche Gemeinschaft. Insofern spielt es eine wichtige Rolle, welche Bücher zum Kanon gehören und welche nicht, denn es gab damals durchaus auch andere Evangelien, Briefe und Schriften, die nicht in den biblischen Kanon hineingenommen wurden. Und wie wir schon oben gesehen haben, werden manche zwar in der katholischen Kirche zum Kanon gezählt, nicht aber in der evangelischen.

Das sich erst allmählich vom Judentum ablösende und sich als eigene Religion verstehende Christentum verstand unter »Bibel« zunächst das heutige Erste Testament. Diese entstand in ihrer heutigen Form im 1. und 2. Jahrhundert nach Christus, also nicht lange vor der Zusammenstellung der spezifisch christlichen Schriften (das Judentum spricht übrigens nicht von der »Bibel«, sondern nennt die Schriften *Mikra* – das Vorgelesene – oder *Tanak* nach den Anfangsbuchstaben der drei Teile *Tora*, *Nebiim* und *Ketubim*). Das in der Entstehung begriffene Christentum veränderte allerdings die Reihenfolge der Schriften und stellte die prophetischen Bücher nach hinten, damit sie besser als Hinweise und Ankündigung auf das Kommen Jesu gelesen werden konnten. Damals benutzte man die griechische Übersetzung des ursprünglich hebräisch abgefassten Textes, die sogenannte *Septuaginta*, später dann die lateinische Übersetzung, die sogenannte *Vulgata*.

Zwischen dem 2. und 4. Jahrhundert erfolgte in einem langwierigen Prozess dann die Entscheidung, welche Schriften zusätzlich als verbindlich für die christliche Kirche verstanden werden sollten. Wie dieser Prozess im Einzelnen verlaufen ist, wissen wir nicht. Lange war kirchlich umstritten, ob die Schriften sich selbst aufgrund ihrer besonderen – göttlich gegebenen – Kraft beziehungsweise aufgrund der Wirkung des Heiligen Geistes durchgesetzt haben oder ob dies ein Vorgang war, bei dem sich theologische Überzeugungen oder auch Machtinteressen durchgesetzt haben und daher manche Schriften nicht in den Kanon gelangt sind, die diese Interessen nicht widerspiegelten. Bis heute ist in den Feuilletons immer wieder von Verschwörungen der Mächtigen gegen bestimmte Bücher zu lesen, die dem Christentum ein ganz anderes Gesicht gegeben hätten und aus machtpolitischen Erwägungen eliminiert worden seien.

Mit aller historisch gebotenen Vorsicht ist dazu zu sagen, das in jedem Fall theologische Überzeugungen wichtig waren für die Entscheidung, welche Schriften in die Bibel aufgenommen werden und welche nicht. Aus einer Vielzahl von für den »Kanon« infrage kommenden Schriften kristallisierten sich bestimmte Linien heraus, die nach dem Empfinden vieler offensichtlich die Erfahrungen mit Jesus Christus angemessener wiedergeben konnten als andere und die Konsequenzen für das christliche Leben treffender formulierten. Diese wurden im Gottesdienst vorgelesen und erhielten somit sehr früh schon eine liturgische Bedeutung. Ein wichtiges Kriterium war dabei sicher auch die historische Nähe zum Ursprung. Die noch junge christliche Kirche befand sich damals im Prozess der Identitätsfindung und Klärung darüber, welche Inhalte verbindlich sind, um als »christlich« zu gelten, welches Spektrum an Glaubensauffassungen für sie noch vertretbar ist und wo sie ihre Grenzen setzt. Insofern war es verständlich und durchaus auch sinnvoll, manche Schriften, die auch von Jesus von Nazaret handelten, aber beispielsweise ein streng dualistisches

Weltbild mit einem unvereinbaren Gegensatz zwischen »Gut« und »Böse« vertraten, nicht als verbindlich für das Christsein anzuerkennen. Mit nicht wenigen der Texte, die theoretisch auch hätten in den Kanon gelangen können, hätten wir heute theologisch und menschlich große Schwierigkeiten. Gleichzeitig haben, wie dies in solchen Prozessen fast immer der Fall ist, sicher auch Machtinteressen und Kirchenpolitik eine Rolle gespielt. Ob und wieweit diese von Menschen zu treffenden Entscheidungen auch vom Geist Gottes beeinflusst worden sind, können wir heute natürlich nicht mehr beweisen. Die Texte, die dann biblisch geworden sind, haben sich faktisch über die Jahrhunderte durchaus als wirkungs- und kraftvoll erwiesen.

Andererseits ist daraus nicht der Umkehrschluss zu ziehen, dass Texte, die damals nicht in den biblischen Kanon aufgenommen worden sind, diese Wirkung und Kraft bei entsprechender Beschäftigung mit ihnen nicht entfalten könnten. Es gibt auch Texte, die aus heutiger Perspektive theologisch nicht nur unbedenklich wären, sondern zum Reichtum der Bibel durchaus beitragen würden, so zum Beispiel das Thomasevangelium oder die Thekla-Akten.

Zum Weiterlesen:

> *Hans-Martin Schenke/Hans-Gebhard Bethge/Ursula Ulrike Kaiser (Hg.): Nag Hammadi Deutsch. Studienausgabe, Berlin 2007*
> *Uwe-Karsten Plisch: Was nicht in der Bibel steht. Apokryphe Schriften des frühen Christentums, Brennpunkt Bibel 3, Stuttgart 2006*

Die Originalsprache der Bibel ist im Ersten Testament Hebräisch, im Neuen Testament Griechisch. Damit sie möglichst vielen Menschen zugänglich wurde, ist sie schon früh immer wieder übersetzt worden. Mittlerweile gibt es die Bibel in beinahe 3000 Sprachen (in manchen Sprachen auch nur Teile davon), damit ist sie das meistübersetzte Buch der Welt.

Nun ist aber jede Übersetzung immer auch eine Interpretation. Wenn ich einen Satz von einer Sprache in eine andere über-setze, dann transportiere ich immer auch Vorstellungswelten mit. Oft genug ist ein Wort zudem nicht eindeutig in genau *ein* anderes Wort der anderen Sprache zu übersetzen, sondern hat ein Bedeutungsspektrum. Bei alten Sprachen wie dem Hebräischen kommt hinzu, dass es manche Wörter gibt, die nur an einer einzigen Stelle auftauchen und von denen wir gar nicht genau wissen, was sie bedeuten, sondern das nur aus dem Kontext erschließen können. Jede Übersetzung interpretiert also, ob sie es will oder nicht. Die eigenen Überzeugungen, die eigene Weltsicht und natürlich auch die eigene Theologie fließen immer in die Übersetzung mit ein. Dies ist unvermeidbar, da während der Übersetzung Entscheidungen getroffen werden müssen, ob eine Stelle in diesem oder jenem Wortlaut sachgemäßer übersetzt ist. Die Kriterien dabei sind philologischer Natur (was ist sprachlich korrekt?), andererseits wird aber auch auf Angemessenheit und Sachgemäßheit geachtet. Im Extremfall kann eine sprachlich korrekte Übersetzung gerade den Inhalt verfälschen: Wenn beispielsweise das griechische Wort »*adelphoi*« sprachlich korrekt mit »Brüder« übersetzt wird, verstehen wir dies aus heutiger Perspektive als eine Gruppe von Männern. In Markus 3, 31–35 aber ist von der zunächst als »*adelphoi*« bezeichneten Schar anschließend als »Brüder und Schwestern« die Rede, sodass »*adelphoi*«

offensichtlich beide Geschlechter meint. Es muss also mit »Geschwister« übersetzt werden, damit wir es heute so verstehen, wie es damals gemeint war. Ebenso ist es im 1. Brief an die Gemeinde in Korinth: Auch hier richtet sich der Brief an die »*adelphoi*«, aus dem Inhalt geht jedoch deutlich hervor, das Frauen und Männer angeredet werden.

Mit neuen theologischen Erkenntnissen oder Strömungen kam es daher oft auch zu einer Neuübersetzung der Bibel, so geschehen beispielsweise durch Martin Luther im Zuge der Reformation. Dabei ging es ihm darum, sie möglichst vielen Menschen in ihrer Muttersprache zugänglich zu machen. Gleichzeitig aber interpretierte er die biblischen Texte auch gemäß seiner theologischen Erkenntnisse, wie jede Übersetzung immer auch Interpretation ist. So schlägt sich seine zentrale Überzeugung, dass der Mensch nur durch den Glauben vor Gott gerecht ist, auch in der Übersetzung nieder. Beispielsweise ergänzte er in Römer 3,28 das Wort »allein« (»So halten wir nun dafür, dass der Mensch gerecht wird ohne des Gesetzes Werke, *allein* durch den Glauben«), das im griechischen Text nicht steht.

Beispiele dazu gibt es aber auch aus der Gegenwart: Vor wenigen Jahren mündeten die neueren theologischen Erkenntnisse der sozialgeschichtlichen und der feministischen Bibelauslegung sowie des jüdisch-christlichen Dialogs in ein großes Übersetzungsprojekt, das 2006 unter dem Titel »*Bibel in gerechter Sprache*« erschienen ist. Hier hat man besonders darauf geachtet, dass die Übersetzung nicht unreflektiert Verhältnisse suggeriert – vor allem in Bezug auf die Geschlechterrollen und das Verhältnis zum jüdischen Volk –, die nicht nur historisch nicht korrekt sind, sondern zur Abwertung von Frauen sowie Juden und Jüdinnen beitragen. So bezeichnet beispielsweise Paulus im Römerbrief (Römer 16,1) eine Christin namens Phoebe als »*diakonos*«. Dies wird in der Lutherübersetzung wiedergegeben mit »Phöbe, die im Dienst der Gemeinde steht« und in der Einheitsübersetzung mit »Dienerin der Gemeinde«. Bei diesen Bezeichnungen denken wir eher an helfende, untergeordnete Tätigkeiten. Das gleiche Wort wird jedoch im Brief an die Gemeinde in Philippi (Philipper 1,1,) mit *Diakon* übersetzt, was dann ein herausgehobenes Amt in der Gemeinde meint, das neben dem Bischofsamt genannt wird. Hier beeinflussten offensichtlich die heutigen Vorstellungen davon, welche Rollen Frauen und Männern zugedacht sein sollten, die Übersetzung. Die Bibel in gerechter Sprache übersetzt daher an beiden Stellen das Wort mit *Diakon* bzw. *Diakonin*.

Gegenwärtig sind folgende Übersetzungen gebräuchlich:

> Die *»Einheitsübersetzung des Alten und Neuen Testaments«* ist ursprünglich ökumenisch angelegt und wird auch von beiden großen Konfessionen verantwortet, wird faktisch aber vorrangig in der katholischen Kirche benutzt.

> Die *»Bibel nach der Übersetzung Martin Luthers«* ist nach wie vor in der lutherischen Kirche die gebräuchlichste. Sie geht auf die Übersetzung Martin Luthers zurück, ist aber nicht in Lutherdeutsch verfasst, sondern diverse Male sprachlich (und inhaltlich) revidiert worden. Sprachlich werden bei dieser Ausgabe vor allem die Psalmen von vielen geschätzt.

> Die 2007 in einer neuen Fassung erschienene *»Zürcher Bibel«* ist vor allem in den reformierten Kirchen gebräuchlich. Sie bemüht sich besonders um eine Orientierung am Urtext und bietet Einleitungen zu jedem Buch der Bibel.

> Die 2005 in revidierter Fassung erschienene *»Herder-Bibel«* entstand aus den Bibeltext-Übersetzungen für »Herders Theologischen Kommentar zum Alten Testament« bzw. »Neuen Testament«. Ihr geht es zugleich um Worttreue gegenüber dem Urtext wie um ein ausdrucksstarkes Deutsch.

> Die »*Gute Nachricht Bibel*« ist von dem Versuch geprägt, eine verständliche und eingängige Sprache zu wählen. Dies erleichtert manchmal das Lesen, durch die freiere Übersetzung wird jedoch hier deutlich mehr interpretiert.

> Die »*Bibel in gerechter Sprache*« ist auf der Grundlage neuerer exegetischer Erkenntnisse verfasst und ist besonders daran orientiert, durch die Übersetzung sowohl Frauen als auch dem jüdischen Volk gerecht zu werden. Auch sie bietet hilfreiche Einleitungen zu jedem biblischen Buch.

> Die Übersetzung von Martin Buber und Franz Rosenzweig für das Alte Testament und die Fridolin-Stier-Übersetzung für das Neue Testament versuchen schließlich den hebräischen bzw. griechischen Wortlaut möglichst genau wiederzugeben. Vor allem die Bucher-Rosenzweig-Übersetzung wird dabei poetischer als andere Übersetzungen.

Wer sich fragt, welche Übersetzung für die eigene Bibellektüre die beste ist, steht vor der Qual der Wahl. Hilfreich für die Entscheidung ist die Überlegung, welches Kriterium mir am wichtigsten ist: Möchte ich den Wortlaut des Textes im Gottesdienst wiederfinden oder an Erinnerungen aus meine Kindheit oder Jugend anknüpfen? Dann sollte ich als Katholikin die Einheitsübersetzung, als Lutheraner die Bibel nach der Übersetzung Martin Luthers und als Reformierte die Zürcher Übersetzung wählen. Habe ich gar keine besonderen Ansprüche an die Übersetzung, sind diese drei ebenfalls zu empfehlen, denn sie enthalten die wenigsten inhaltlichen oder sprachlichen Besonderheiten. Ist es mir wichtig, dass die Sprache der Bibel möglichst vertraut klingt und ich nicht über mir fremde Ausdrücke »stolpere«? Dann ist die »*Gute Nachricht Bibel*« zu empfehlen. Lege ich Wert darauf, dass die Übersetzung die Erkenntnisse wiedergibt, die wir in den letzten Jahrzehnten über die Lebensbedingungen der Menschen damals, über das Verhältnis von

Frauen und Männern und über das Verhältnis zum jüdischen Volk gewonnen haben? Dann ist zur »*Bibel in gerechter Sprache*« zu raten. Soll der Text möglichst nahe am hebräischen Urtext und/oder poetisch sein? Dafür ist die Übersetzung von Buber und Rosenzweig bzw. Stier besonders geeignet.

Zum Vergleichen und Auswählen:
www.diebibel.de: Hier findet man deutsche Bibelausgaben und Übersetzungen in 66 verschiedene Sprachen zum Vergleich. Alle hier aufgeführten Bibeln haben auch eine Suchfunktion, mit der man nach Stichworten bestimmte Bibelstellen finden kann.

4. Die Bibel als Gegenüber:
Erkenntnisorientierte Zugänge zur Bibel

So vieldimensional die Bibel ist, auf so vielen Wegen kann ich mich ihr nähern. Dabei führen zwar alle Wege zu ihr, aber nicht alle zum gleichen Ziel: Je nachdem, welchen Weg ich einschlage und welchem Zugang ich folge, sehe ich Unterschiedliches, nehme unterschiedliche Seiten und Aspekte wahr und erhalte andere Erkenntnisse. Wie ich mich der Bibel nähere, hängt dabei ganz wesentlich von meinen Interessen ab. Diese »Einseitigkeit« jedes Zugangs ist nicht zu vermeiden – keiner lässt mich alles sehen oder auch nur alle Dimensionen der Bibel wahrnehmen. Das ist auch nicht problematisch, solange ich mir bewusst bin, dass jeder Zugang eben nur *einer* und darin begrenzt ist und nie das Ganze der Bibel erfassen kann.

Dass in der Bibel mit verschiedenen Zugängen diverse Entdeckungen gemacht werden können und man zu unterschiedlichen Aussagen kommt, ist nicht neu. Die christliche Tradition hat diese Erkenntnis in der Lehre vom »vierfachen Schriftsinn« ausgedrückt, der schon Anfang des 5. Jahrhunderts formuliert wurde. Nach diesem enthält jeder biblische Text vier Ebenen der Auslegung:

> die historischen Fakten, also die Frage: Was steht da? (»Literalsinn«),

> die Bedeutung des Textes für den Glauben und die Lehre, also die Frage: Was soll ich glauben? (»allegorischer Sinn«),

> die Folgen für das eigenen Handeln, also die Frage: Was soll ich tun? (»tropologischer Sinn«),

> den Blick über den Tod hinaus auf das ewige Leben, also die Frage: Was darf ich hoffen? (»anagogischer Sinn«).

Selbstverständlich gehen wir heute nicht mehr von diesem doch recht starren Modell aus und glauben vor allem nicht mehr, dass jeder Text genau diese vier Ebenen bereits in sich enthält (bzw. Gott diese in jeden Text hineingelegt hat), die es nur noch zu entdecken gilt. Unser Verhältnis zu den Texten und unser Entdeckungsprozess sind komplexer. Die alte Lehre vom vierfachen Schriftsinn erinnert uns jedoch daran, dass Texte nicht nur *eine* Aussage und *eine* Ebene der Aussage haben, sondern wir ganz unterschiedliche Antworten erhalten können, je nachdem, welche Fragen wir an den Text stellen.

Heute sind die Zugänge zur Bibel so vielfältig, wie es für unsere Gesellschaft typisch ist. Dies gilt sowohl für die private Bibellektüre wie auch für die Wissenschaft: Es gibt ganz unterschiedliche legitime und anerkannte Möglichkeiten, mit der Bibel umzugehen. Dabei nähern sich, wie oben gezeigt, in mancher Hinsicht Wissenschaft und persönlicher Zugang wieder einander an, nachdem sie sich im 20. Jahrhundert eher voneinander entfernt hatten.

Diese Vielfalt bringt es mit sich, dass manchmal selbst Menschen, die Theologie studiert haben, den Überblick über die diversen Zugänge verlieren. Eine Möglichkeit, für die verschiedenen Herangehensweisen an biblische Texte eine Art »Kompass« zu finden, ist die Unterscheidung von Erkenntnis und Erfahrung: Mein Zugang zur Bibel kann *entweder* daran orientiert sein, dass ich *Erkenntnisse über* die Bibel gewinnen möchte. Ich betrachte sie dann als ein interessantes Gegenüber, mit dem ich mich beschäftige und zu dem ich Fragen habe und Antworten bekomme. Dabei sehe ich die Bibel in erster Linie als Dokument ihrer Zeit und nehme die Unterschiede in ihrem

Weltbild, ihren Vorstellungen über das Zusammenleben von Menschen und Ähnliches im Vergleich zu unserer Kultur und Gesellschaft deutlich wahr (vergleiche Kapitel 2, Seite 20–22). *Oder* aber ich nähere mich der Bibel so, dass ich an *Erfahrungen mit ihr* interessiert bin. Dann betrachte ich sie stärker als eine Partnerin, mit der ich als Person auf vielfältige Weise umgehe. Ich nehme sie dann vor allem wahr als Buch menschlicher Grunderfahrungen, in denen ich meine eigenen Erfahrungen wiederfinde (vergleiche Kapitel 2, Seite 24–25). Beide Zugänge sind möglich und legitim. Zusammmen werden sie dem Charakter der Bibel, gleichzeitig ein Dokument vergangener Zeiten und hochaktuell zu sein, gerecht.

Zunächst zu den Zugängen, die Erkenntnisse über die Bibel gewinnen möchten. Sie werden mit einem Fachbegriff *»exegetische«* Zugänge genannt oder auch *»Exegese«* (griechisch für Auslegung oder Erläuterung). Sie fragen nach der Entstehung der biblischen Texte und den Bedingungen ihrer Entstehung. Sie untersuchen, auf welchen früheren Überlieferungen und Texten eine Geschichte beruht, welche Traditionen in sie eingeflossen sind, wie sie im Lauf der Zeit gewachsen ist, bis sie die uns heute überlieferte Gestalt angenommen hat. Für solche Zugänge ist von Interesse, wie der Text zu anderen Texten in Beziehung steht, aber auch, welche Lebensverhältnisse sich in ihm spiegeln und wie der Text sich wiederum zu diesen Lebensverhältnissen in Beziehung setzt. Dabei können auch

»Wir werden in der Bibel immer gerade so viel finden als wir suchen: Großes und Göttliches, wenn wir Großes und Göttliches suchen; Wichtiges und Historisches, wenn wir Wichtiges und Historisches suchen; überhaupt nichts, wenn wir überhaupt nichts suchen. Die Hungrigen werden in ihr satt, und den Satten ist sie verleidet, bevor sie sie aufgeschlagen haben. In der Bibel steht eine neue Welt, die Welt Gottes!« (Karl Barth)

diese Zugänge – meist abschließend – danach fragen, was ihre Ergebnisse für das Verständnis des Textes *heute* austragen. Dies ist dann aber ein eigener Schritt, bei dem umso deutlicher wird, dass es ein historischer Text ist, der als Dokument seiner Zeit und Kultur erläutert werden muss, um überhaupt nach dem Ertrag für heute fragen zu können.

Die Perspektive auf den Text ist bei diesen Zugängen der Blick von außen: Der Mensch steht, im Bild gesprochen, vor dem Text (als Objekt) und blickt ihn an, untersucht ihn, spricht über ihn. Um etwas gut sehen und analysieren zu können, ist immer eine gewisse Distanz erforderlich – ist man seinem Untersuchungsgegenstand zu nahe, kann man ihn nicht als Ganzen in seinen Besonderheiten und Eigenheiten wahrnehmen und die Qualität der Untersuchung leidet.

Diese Art des Zugangs wird in der wissenschaftlichen Theologie vorrangig verfolgt, aber nicht mehr ausschließlich, sie wird auch an der Universität durch erfahrungsbezogene Zugänge ergänzt. Für den eigenen Umgang mit der Bibel ist dieser Weg vielleicht nicht unbedingt als erster geeignet, weil es dabei ja eigentlich zunächst darum geht, die Bedeutung der Bibel für das eigene Leben wahrzunehmen. Für Menschen, die mit einer großen Nähe zur Bibel aufgewachsen sind, bedeutet der distanzierende Zugang jedoch oft eine Befreiung. Wer sich, noch einmal im Bild gesprochen, von der Bibel »erdrückt« gefühlt hat, kann sich auf diese Weise ihr gegenüberstellen und ihr »auf Augenhöhe« begegnen. Mit diesen Zugängen kann ich die Bibel befragen und auch hinterfragen, Unverständliches erklären, manches in ein sinnvolles Licht setzen und letztlich als denkender Mensch selbstbewusst mit dem Buch umgehen. Dies gilt nicht nur, aber besonders noch einmal für den feministisch-theologischen Zugang. Er eröffnet einen Weg, sich biblischen Texten, die sich jahrhundertelang negativ (und manchmal durchaus katastrophal) auf

Frauen ausgewirkt haben, sinnvoll zu nähern, ohne sie verwerfen zu müssen. Insofern kann diese Herangehensweise Frauen, die die Bibel als unterdrückendes Buch erlebt haben, einen neuen Zugang zu ihr eröffnen. Ebenso kann der an Erkenntnis orientierte Zugang homosexuell orientierten Menschen eine enorme Erleichterung sein, Bibelstellen wie Levitikus 18,22 (»Einem Mann darfst du nicht beiwohnen, wie man einer Frau beiwohnt: ein Gräuel wäre dies«) oder 1 Korinther 6,9 f. (»Weder Unzüchtige noch Götzendiener, Ehebrecher, Lustknaben, Knabenschänder, Diebe, Geizige, Trunkenbolde, Lästerer oder Räuber werden das Reich Gottes erben«) historisch einzuordnen und zu wissen, dass diese Texte nicht von anlagebedingter Homosexualität und verantwortlicher dauerhafter Paarbeziehung sprechen, weil sie diese gar nicht kannten, sondern ganz andere Konstellationen vor Augen haben.

Historisch-kritischer Zugang

Unter diesem Begriff versammeln sich mittlerweile im Einzelnen durchaus unterschiedliche methodische Ansätze. Die Grundlinien gelten aber für alle Zugänge, die vorrangig an Erkenntnissen über einen Bibeltext interessiert sind. Hier wird der Begriff im engeren Sinn verwendet für ein Ensemble bestimmter methodischer Schritte und Fragestellungen, die den Text als historisches Dokument wahrnehmen und dabei an der Entstehungsgeschichte des Textes interessiert sind. Man nennt das den »diachronen« Zugang. Kurz gesagt, fragt der historisch-kritische Zugang danach, *wer was auf welche Weise aus welchen Gründen wem zu welcher Zeit und an welchem Ort* gesagt hat.

Noch eine Bemerkung zum Begriff: Das Wort »kritisch« geht zurück auf das griechische Wort »*kritein*« – unterscheiden, weil der Ansatz wesentlich an Unterscheidungen orientiert ist. Eine im deutschen Sinn des Wortes kritische Perspektive schwingt jedoch auch dabei mit, insofern der Ansatz nichts als gegeben hinnimmt, sondern den Text zurückfragt.

Die methodischen Schritte, denen der historisch-kritische Zugang folgt, sind keine originär theologischen, sondern entstammen der Philologie. Schon dies zeigt, dass die biblischen Texte in diesem Ansatz behandelt werden wie alle anderen Texte der Weltliteratur auch. Dies war (und ist gelegentlich immer noch) Anlass zur Kritik, trägt aber wesentlich dazu bei, dass der historisch-kritische Zugang seine Funktion erfüllen kann, mit einer gewissen Distanz auf den biblischen Text zu blicken und ihn in seiner Eigenwelt wahrzunehmen, statt ihn vorschnell für Fragen und Themen zu vereinnahmen.

Konkret bedeutet das: Der historisch-kritische Zugang untersucht einen Textabschnitt in seinen unterschiedlichen Überlieferungsvarianten und fragt danach, welches vermutlich die älteste Form des Textes ist (»Textkritik«). Er achtet darauf, wo innerhalb des Textes oder des Erzählduktus' Brüche oder Spannungen festzustellen sind und versteht diese als Hinweise, dass der Text nicht in einem »Guss« geschrieben wurde, sondern verschiedene Texte in ihm zusammengearbeitet worden sind (vergleiche Kapitel 3, Seite 26–29). Entdeckt man solche Brüche, wird versucht zu bestimmen, welcher Teil des Textes zu welcher »Schicht« gehört (»Literarkritik«). Manchmal lässt sich auch eine mündliche Überlieferungsstufe vor der Verschriftlichung des Textes entdecken (»Überlieferungsgeschichte«). Umgekehrt wird dann rekonstruiert, wie diese Schichten zum heutigen Text zusammengefügt wurden (»Redaktionsgeschichte«). Dann wird versucht, eine literarische Gattung zu bestimmen, der der Text angehört (»Formgeschichte«). Solche Gattungen sind beispielsweise Hymnen, Gerichtsankündigungen, Gleichnisse, Metaphern usw. Sie können unter anderem Hinweise darauf geben, wo der Text ursprünglich seinen Ort hatte und welche Funktion er erfüllt hat. Das nennt man den »Sitz im Leben«. So haben manche Psalmen ihren »Sitz im Leben« vermutlich im gottesdienstlichen Kult, die Gleichnisse haben ihren Ort im Alltagsleben der Menschen. Besonders interessant wird es natürlich dann, wenn die typischen Merkmale einer Gattung durchbrochen werden – denn immer dann, wenn Erwartungen an einen Text nicht erfüllt oder gebrochen werden, dürfte damit etwas beabsichtigt sein, zumindest wird die Aufmerksamkeit auf solche Passagen gelenkt. Der historisch-kritische Zugang geht auch noch tiefer in die einzelnen Elemente des Textes hinein: Begriffe und Motive werden auf ihre Herkunft hin untersucht (»Traditionsgeschichte«) und es wird danach gefragt, in welchen Texten ein Wort oder eine Wendung sonst noch zu finden ist (»Einzelexegese«).

Die Stärken des historisch-kritischen Zugangs liegen auf unterschiedlichen Ebenen: Er nimmt den Text als historisches Dokument in seiner Eigenwelt und seiner Eigenständigkeit wahr. Er schützt ihn vor Vereinnahmung und Verfälschung dadurch, dass wir unser Weltbild absolut setzen und den biblischen Text nur durch die Brille unserer Perspektive lesen. Er konfrontiert die Theologie und die Kirche immer wieder mit ihren eigenen Anfängen und begegnet damit der Gefahr, sich von ihren Quellen zu entfernen. Er liefert erhellende Erkenntnisse über die Wege und Kontexte der Entstehung eines Textes und trägt damit zu seinem Verstehen bei.

Seine Schwächen liegen zum einen in der Gefahr der Überschätzung und Verabsolutierung seiner Ergebnisse: Der historisch-kritische Zugang entdeckt vieles, aber nicht alles. Vor allem darf man nicht vergessen, dass die Betonung des historischen Charakters der Texte nur eine ihrer Seiten ist. Lässt man die anderen Aspekte der Texte außer Acht, birgt die historisch-kritische Methode die Gefahr, die Texte nicht zum Reden, sondern zum Schweigen zu bringen, indem sie nur noch als historische Dokumente gesehen werden und ihre Aktualität und Lebensnähe untergraben werden. Eine weitere Schwierigkeit dieses Zugangs liegt darin, dass er Gefahr läuft, sich vom Text nichts Neues mehr sagen zu lassen. Wenn man die Sätze mit großem Aufwand bis ins kleinste Detail seziert, ist es nicht so einfach, die Kraft und die in die eigene Erfahrung hineinsprechende »fremde Stimme« des Textes noch wahrzunehmen. Und schließlich benötigt man für den historisch-kritische Zugang, wenn man ihn vollständig durchführen möchte, ein umfangreiches Vorwissen (und nicht zuletzt Kenntnisse der hebräischen beziehungsweise griechischen Sprache). Er wird daher immer ein Ansatz für Spezialistinnen und Spezialisten bleiben. *und aramäische Sprache*

Dennoch können auch Menschen ohne fundierte Fachkenntnisse einiges von diesem Ansatz mitnehmen. Schon wenn ich ernst nehme, dass die Bibel einer mir fremden Kultur entstammt, ist dies sehr hilfreich bei ihrer Lektüre. Dann hält mich der historisch-kritische Zugang dazu an, Auffälligkeiten und Widersprüche im Text wahrzunehmen (quasi darüber zu »stolpern«) und mir meine Gedanken dazu zu machen. Wenn ich um die historische Fremdheit eines Textes weiß, kann mir das helfen, wenn ich eine Bibelstelle nicht verstehe oder sie mich ärgert, denn ich weiß dann, dass dies möglicherweise aus dem kulturellen Hintergrund zu erklären ist. Zu guter Letzt: Es gibt mittlerweile auch gute Möglichkeiten, sich einige historische Grundkenntnisse anzueignen, ohne gleich ein Theologiestudium absolvieren zu müssen.

Zum Weiterlesen:

> *Ingo Broer: Einleitung in das Neue Testament, Würzburg 2006.*
> *Jan Christian Gertz (Hg.): Grundinformation Altes Testament: Eine Einführung in Literatur, Religion und Geschichte des Alten Testaments, Stuttgart 2008*
> *Gerlinde Baumann: Die Bibel. Wissen was stimmt, Freiburg im Breisgau 2008*

Beispiel: Historisch-kritischer Zugang zu Markus 14,3–9

Die Geschichte von der Salbung Jesu durch eine Frau, deren Namen nicht genannt wird, ist eine selbstständige Erzählung, die in Vers 3 beginnt und in Vers 9 endet. Es ist nicht unwahrscheinlich, dass sie auf eine historische Erinnerung der Anhängerinnen und Anhänger Jesu zurückgeht. Der Evangelist, den wir Markus nennen, hat diese Erzählung vermutlich vorgefunden und in seine Erzählung des Leidens und Sterbens Jesu eingebaut. Das Ereignis findet damit am vierten Tag, an dem Mittwoch der Passionswoche statt. Dies hat den Effekt, dass die Ankündigung, dass Jesus getötet werden soll (Markus 14,1f.) und der sogenannte Verrat des Judas (Markus 14,10f.) durch die Erzählung der Salbung unterbrochen wird. Für die Leser und Leserinnen dehnt dies die Spannung. Sie werden einen Augenblick lang alleingelassen mit der Frage, was aus den bösen Absichten des Hohen Rates wird, ob diesem sein Vorhaben gelingt. Zugleich werden sie emotional vorbereitet auf den dann folgenden Leidensweg Jesu. Durch die Platzierung innerhalb der Passionsgeschichte wird die Salbung zu einer vorweggenommenen Todes- oder Leichensalbung.

Formgeschichtlich ist die Geschichte nicht leicht zu bestimmen. Es handelt sich um eine biographische Szene, die aber kaum aus Interesse an der Lebensgeschichte Jesu tradiert worden sein dürfte. Sie zeigt auch Elemente des Streitgesprächs und des sogenannten »Apophthegmas«, des lehrreichen Ausspruchs.

Die Sprache der Erzählung deutet darauf hin, dass die ursprüng-
liche Erzählung in einem judenchristlichen Milieu in Palästina
entstanden ist. Vielleicht hatte sie ihren »Sitz im Leben« in einer
Gemeinde, die mehr an den Taten Jesu orientiert war und den Sinn
seines Leidens, die Bejahung des Kreuzweges und die Bereitschaft zur
Kreuzesnachfolge erst noch entdecken musste.

Literaturwissenschaftlicher Zugang

Der literaturwissenschaftliche Zugang wird in der jüngeren
wissenschaftlichen Exegese manchmal als Teil der historisch-
kritischen Analyse verstanden und dann in die methodischen
Schritte dieses Zugangs integriert. Aufgrund seiner doch deutlich anderen Herangehensweise an den Text, die auch eine größere Offenheit für eine nichtwissenschaftliche Annäherung
an die Bibel beinhaltet, soll er hier jedoch als eigenständiger
Ansatz aufgeführt werden.

Im Gegensatz zu der »*diachronen*« Bearbeitung des Textes
im historisch-kritischen Zugang ist der literaturwissenschaftliche Zugang »*synchron*« orientiert, das heißt: Er untersucht den
Text nicht nach seiner historischen Entstehung, sondern in
der Gestalt des uns heute vorliegenden biblischen Textes und
fragt nach Erkenntnissen aus dem Text selbst. Damit benötigt
man dafür weniger Vorwissen als für den historisch-kritischen
Zugang, stattdessen ist eine aufmerksame Wahrnehmung und
eine Sorgfalt für das Detail gefragt (sowie hinreichend Geduld
für den manchmal langwierigen analytischen Vorgang).

Der literaturwissenschaftliche Zugang achtet auf Auffälligkeiten des Textes, zum Beispiel: Wo werden Wörter wiederholt
oder abgewandelt? Welche Gegensätze, Kontraste und Oppo-
sitionen werden benutzt? Wie wird der Text eingeleitet? Welche Figuren werden wann auf welche Weise eingeführt? Gibt

es eine sprachliche Beziehung zwischen Anfang und Ende? Gibt es eine Steigerung im Text oder retardierende Momente? Wo wird wörtliche Rede verwendet? Welche Szene wird kurz, welche besonders ausführlich geschildert? Wie ist der Text aufgebaut und strukturiert? Welche Rollen für die Leserinnen und Leser bietet der Text eigentlich an, das heißt: ist der Leser Beobachter, kann er sich mit einzelnen Figuren identifizieren, ist er Kritiker etc.? Dabei hört man sehr genau darauf, was der Text über sich selbst sagt. Auch diese methodischen Schritte werden nicht nur angewandt, um die Texte der Bibel zu untersuchen, sondern stammen eigentlich aus der jüngeren Literaturwissenschaft, die Texte in ähnlicher Weise betrachtet.

Die Stärken des literaturwissenschaftlichen Zugangs liegen zunächst einmal darin, den Text als Text ernst zu nehmen. Wenn er als Ganzes in den Blick kommt, erhöht sich die Chance, dass er zum Klingen kommt und ich Neues in ihm entdecke. Der literaturwissenschaftliche Zugang ermöglicht es, in die Welt des Textes einzutauchen und seinen Spuren zu folgen. Er führt zu einem sehr genauen Hinsehen und einer präzisen Wahrnehmung, die oft genug Neues und Überraschendes entdecken lässt. Diese intensive Beschäftigung mit dem Text kann manchmal ansatzweise eine Brücke schlagen zu den stärker auf Erfahrung zielenden Zugängen zur Bibel, weil der Blick auch darauf gelenkt wird, welche Rollen der Text eigentlich anbietet und wie man diese füllen kann. Zudem ist für diesen Zugang wesentlich weniger spezielles Vorwissen nötig als für den historisch-kritischen, sondern eher Übung im Umgang mit Texten, genaue Wahrnehmungsfähigkeit und Lust auf die intensive Beschäftigung mit dem Text.

Die Gefahr des literaturwissenschaftlichen Ansatzes liegt umgekehrt darin, den historischen Entstehungsprozess des Textes zu vernachlässigen. Zumindest bei manchen Texten trägt das aber zum Verstehen des Textes Entscheidendes bei.

Zudem kann der literaturwissenschaftliche Ansatz in einen Formalismus abgleiten, der sich im Detail der Analyse verliert, ohne seine Bedeutung für das Ganze im Blick zu behalten. Desweiteren ist eine vollständige literarische Analyse mit ziemlich hohem Aufwand verbunden, der nicht immer in einem guten Verhältnis zum Ergebnis steht.

Für die eigene Beschäftigung mit der Bibel eröffnet mir dieser Zugang die Chance, selbstständig Erkenntnisse über einen Text zu gewinnen, ohne mir umfangreiche historische Kenntnisse aneignen zu müssen. Ich kann mit Fragen an den Text beginnen, die mir interessant und erhellend erscheinen, und dann die gewonnenen Spuren weiterverfolgen. Manchmal bieten ganz formale analytische Wege überraschende Einsichten in den Text und lassen mich ihn noch einmal mit ganz anderen Augen sehen.

Zum Weiterlesen:

> *Hans-Peter Schmidt, Daniel Weidner (Hg.): Bibel als Literatur, München 2008*

> *Christof Hardmeier: Textwelten der Bibel entdecken, Gütersloh 2004*

> *Helmut Utzschneider, Stefan Ark Nitsche: Arbeitsbuch literaturwissenschaftliche Bibelauslegung: Eine Methodenlehre zur Exegese des Alten Testaments, Gütersloh 2001*

Beispiel: Literaturwissenschaftlicher Zugang zu Markus 14,3–9

Im Text sind mehrere Kontrastierungen zu finden: Auf der einen Seite steht die namenlose Frau, die Jesus mit einem kostbaren Öl salbt. Auf der anderen Seite steht eine Schar nicht näher benannter Stimmen, die sich darüber ärgern und der Frau Verschwendung vorwerfen. Erzählende Teile und wörtliche Rede wechseln. Das Tun der Frau rahmt den Anfang (die Tat, Vers 3) und das Ende der Geschichte

Die Bibel als Gegenüber

(die Erinnerung an die Tat, Vers 9). Der Mittelteil wird als »Rededuell« gestaltet. Dabei kommt die Frau allerdings nicht zu Wort. Die Vorwürfe der murrenden (Männer-?)Stimmen sind als Dreitakt gesteigert. Ihnen begegnet Jesus durch seine streitbare Rede. Dabei fällt auf, dass Jesus schon quantitativ seinen Gegnern überlegen ist.

Den eher kognitiv ausgerichteten Redeteilen steht das sinnliche Wortfeld der Leiblichkeit gegenüber. Es umfasst die gesamte Salbungshandlung und betont durch besondere Worte wie Alabaster, Öl aus Narde und Pistazie (pistikós) das Exklusive und die Kostbarkeit der Handlung.

Das Ereignis wird im Haus Simons des Aussätzigen lokalisiert. Dass Simon an Aussatz (wörtlich: Lepra) gelitten hat, ist sprechend. Er verweist mit seiner ehemals beschädigten, nun wieder geheilten Haut auf die Heilungswunder Jesu, der nun selbst durch die Frau an Haupt und Leib mit Öl gesalbt wird. Der überwundenen Krankheit des einen steht damit das noch ausstehende Leiden des anderen gegenüber. Von der aktiven Wundertat Jesu geht es hier zum passiven Einstimmen in den eigenen Tod, damit das eigentliche Heil von dem »Haus« des Simon (Vers 3) ausgedehnt werden kann auf den »Kosmos«, die ganze Welt (Vers 9).

Sozialgeschichtlicher Zugang

Der sozialgeschichtliche Zugang fragt wiederum nach dem historischen Kontext des biblischen Textes. Sein besonderes Interesse gilt jedoch weniger der Textentstehung als vielmehr den konkreten Lebensverhältnissen – den sozialen, gesellschaftlichen und vor allem wirtschaftlichen Verhältnissen, die sich in den Texten spiegeln. Er spürt alle Hinweise auf reale Verhältnisse auf, die hinter den Texten stehen und analysiert diese sorgfältig. Dafür sind auch nichtbiblische Quellen wichtig.

Diese Wahrnehmung verbindet der sozialgeschichtliche Zugang mit einer kritischen Perspektive: Er fragt danach, welche Hinweise der Bibeltext auf die Verteilung von Macht, Einfluss, Geld und Bildung liefert und wendet den Blick von den »großen Namen« und Ereignissen zu den »kleinen Leuten« und ihrem alltäglichen Leben – von Abraham zu seinen Frauen Sarah und Hagar, von David zu seinen »ganz normalen« Soldaten, von Ruth zu ihrer Magd, von den Jüngerinnen und Jüngern zu der Menge des Volkes, von Petrus zu seiner Schwiegermutter, von Paulus zu der Sklavin, die sich von ihm taufen lässt. Er ergreift Partei für die »kleinen Leute«, besonders für die Entrechteten und Unterdrückten, und zieht daraus Konsequenzen für das christliche Leben heute.

Der sozialgeschichtliche Zugang bereichert die Lektüre der Bibel um die konkrete Dimension des Alltagslebens. Er wehrt der Gefahr, die biblischen Texte von ihren realen Hintergründen und damit von den Personen aus Fleisch und Blut zu abstrahieren und letztlich abstrakte Botschaften in der Bibel zu suchen und zu finden. Der Zugang schützt vor einer Idealisierung der Bibel, die ihr nicht gerecht würde. Er macht auf Ungerechtigkeiten aufmerksam, die zu kritisieren sind – im Blick auf damals und im Blick auf heute. Damit ruft er die politische Dimension der Bibel wach und zeigt die Aktualität ihrer Botschaft auf.

Ein Problem dieses Ansatzes ist wiederum, dass man sozialgeschichtliche Grundkenntnisse über die biblischen Verhältnisse braucht, um ihm folgen zu können. Zudem darf auch dieser Ansatz selbstverständlich nicht verabsolutiert werden – die realen Lebensumstände der biblischen Zeiten sind nicht alles, was an diesen Texten wichtig und interessant ist. Der Ansatz erfordert zudem einen differenzierten Blick, um nicht vorschnell von heutigen Problemen und Strukturen auf die damalige Zeit zu schließen: Armut und Ungerechtigkeit gibt es zwar heute wie damals, sie haben jedoch eine andere Gestalt und möglicherweise auch andere Hintergründe.

Für die eigene Lektüre der Bibel ist an diesem Zugang wertvoll und hilfreich, dass sich mein Blick schärft, ich angehalten werde, auf die meist nur indirekt mitgeteilten realen Lebensverhältnisse zu achten und sie daraufhin zu befragen, was sie für die Menschen damals bedeutet haben mögen. Dieser Blick macht die Lektüre lebendiger und farbiger und erleichtert es oft, sich in die biblischen Verhältnisse hineinzudenken. Mittlerweile gibt es auch gut lesbare einführende Literatur zum sozialgeschichtlichen Zugang

Zum Weiterlesen:

> *Rainer Kessler: Leben zur Zeit der Bibel. Eine Sozialgeschichte Israels, Darmstadt 2006*
> *Luise Schottroff: Befreiungserfahrungen. Studien zur Sozialgeschichte des Neuen Testaments, Gütersloh 1994*
> *Gabriella Gelardini: Kontexte der Schrift, Band 1 und 2, Stuttgart 2005*
> *Frank und Marlene Crüsemann: Dem Tod nicht glauben. Sozialgeschichte der Bibel, Gütersloh 2004*

Beispiel: Sozialgeschichtlicher Zugang zu Markus 14,3–9

In Palästina war es nicht üblich, beim Essen zu sitzen. Man ließ sich vielmehr auf niedrigen Liegen nieder, stützte den linken Ellbogen auf und benutzte die rechte Hand zum Essen. Wer an die Essenden herantrat, überragte sie also ein ganzes Stück. Damit kann man sich die Frau in der Geschichte auch bildlich herausgehoben vorstellen.

Salbung wird biblisch allgemein als angenehm empfunden (vergleiche Psalm 133,2). Die Salbung Jesu durch die Frau geschieht nun während einer Mahlzeit. Das ist ungewöhnlich. In Israel war es üblich, dem Gast vor dem Mahl Öl zur Salbung zu reichen oder

ihm durch einen Sklaven die Füße salben zu lassen. Die Gäste konn-
ten bei ihrer Ankunft oder vor dem Essen auch mit ein paar Tropfen
Parfüm besprengt werden.

In diesem Fall handelt es sich um kostbares Nardenöl, das aus
einer indischen Pflanze (Pistazie?) hergestellt wurde. Die Frau
nimmt nun aber nicht nur ein paar Tröpfchen, sondern zerbricht den
Hals der Alabasterflasche und gießt den gesamten Inhalt über Jesus
aus. Vielleicht dachte sie dabei an die im Orient verbreitete Sitte,
Gläser, die von vornehmen Gästen oder Fremden benutzt worden
waren, nach dem Gebrauch zu zertrümmern, damit sie nicht von
einem Geringeren gebraucht werden können. Zugleich aber ver-
weist sie damit auch, ob beabsichtigt oder nicht, auf den orientali-
schen Brauch, die eben Verstorbenen zu waschen und danach zu sal-
ben. War der Leichnam eingesalbt worden, so wurde das Glas, in dem
die Salbe enthalten war, zerbrochen und die Scherben zusammen mit
dem Toten ins Grab gelegt. Die Handlung der Frau könnte also Tod
und Begräbnis Jesu vorwegnehmen.

Interessant ist zudem, dass in Israel gesalbt wurde, wer als König
ausersehen war (2 Könige 9,6; 1 Samuel 10,1). Das könnte eine
zusätzliche Deutungsmöglichkeit erschließen: Jesus erhält symbolisch
die messianische Königsweihe durch eine unbekannte Frau. Dabei
wird allerdings die dienende Haltung, nicht die Herrschaft betont.
Die übliche Hierarchie wird auf den Kopf gestellt: Wie die Alabas-
terflasche zerbrochen und das ganze Öl vergossen wird, erstrebt auch
Jesus keine machtpolitische Herrschaft, sondern »gießt sich ganz aus«
und gibt sich selbst dahin.

Feministischer Zugang

Der feministische Zugang geht von dem Problem aus, dass
die biblischen Texte Gesellschaften und Kulturen entstammen, die von Ungerechtigkeit zwischen den Geschlechtern

geprägt waren. Sie sind als »*patriarchal*« zu bezeichnen in dem Sinn, dass die Gesellschaft Männern größere Machtbefugnisse zuschrieb als Frauen. Ebenso sind sie »*androzentrisch*«, das heißt, dass das Männliche als das »Normale« des Menschseins angesehen wird und Frauen entweder »mitgemeint« sind oder als »das Besondere« verstanden werden. So werden die Gemeindeglieder beiderlei Geschlechts in den neutestamentlichen Briefen beispielsweise mit »liebe Brüder« angesprochen, was Frauen »mitmeint«. Übersetzen wir dies wörtlich, könnten wir dem Trugschluss erliegen, das die Briefe nur an Männer adressiert waren, was ihrem Inhalt widerspricht, in dem ausdrücklich Frauen und Männer angesprochen werden (vergleiche Kapitel 3, S. 69–70).

Die biblischen Texte spiegeln aber nicht nur diese Verhältnisse wider, sie verlängern und fördern sie auch, wenn sie als Norm für Christen und vor allem Christinnen gesetzt werden, was lange der Fall war. Dieser Perspektive der Geschlechterfrage in der Bibel ist der feministische Zugang verpflichtet. Er versteht sich bewusst perspektivisch in dem Wissen, dass die Geschlechterdimension nicht die einzig wichtige der Bibel ist, wohl aber eine zentrale und sich bis heute in der Rezeption der Bibel deutlich auswirkende. Diesen Standpunkt legt der feministische Zugang offen und erwartet dies auch von allen anderen Zugängen – in der Erkenntnis, dass eine »objektive« Begegnung mit der Bibel nicht möglich ist, sondern immer von Voraussetzungen und auch Interessen geprägt ist. Im Umgang mit den biblischen Texten bedient dieser Zugang sich durchaus Methoden anderer Ansätze, vor allem des historisch-kritischen, des sozialgeschichtlichen sowie des literaturwissenschaftlichen, setzt seine Schwerpunkte aber anders.

Werden die biblischen Texte aus der Perspektive der Geschlechterfrage betrachtet, ergibt sich ein differenziertes Bild. Zunächst wird deutlich, dass die Bibel weniger »*patriarchal*«

ist als ihre Auslegung. So hat beispielsweise der feministische Zugang herausgearbeitet, dass im Römerbrief (16,7) von der Apostelin Junia die Rede ist – in der Bibel also selbstverständlich Frauen als Apostelinnen bezeichnet werden. Da die traditionelle Auslegung von dem Vorurteil ausging, dass Frauen nicht Apostelinnen gewesen sein können, hat sie den weiblichen Namen Junia schlicht in das – allerdings erfundene – männliche Pendant »Junias« geändert. Hier besteht feministische Bibelauslegung zunächst einmal schlicht darin, genau hinzusehen und sich den Blick auf die Texte nicht von Vorurteilen verstellen zu lassen.

Ebenso hat diese Art des Zugangs aufgedeckt, dass schon die Übersetzung (die ja immer auch eine Deutung beinhaltet) von der Annahme traditioneller Geschlechterrollen geprägt ist und dies manchmal den Inhalt verfälscht. Im Markusevangelium beispielsweise wird das Wort »*diakonein*« im Zusammenhang mit Männern als ein »Dienen« im Sinn Gottes übersetzt (vergleiche Markus 10,42 f.: »Ihr wisst, dass die, die als Herrscher gelten, ihre Völker unterdrücken und die Mächtigen ihre Macht über die Menschen missbrauchen. Bei euch aber soll es nicht so sein, sondern wer bei euch groß sein will, der soll euer Diener sein.«). Im Zusammenhang mit einer Frau – der Schwiegermutter des Petrus nach deren Heilung durch Jesus – heißt es hingegen in der Einheitsübersetzung: »Da wich das Fieber von ihr, und sie sorgte für sie« (Markus 1,30). Das gleiche Wort einmal mit dem Tun des Willens Gottes und einmal mit Tischdienst zu übersetzen, nur weil an der einen Stelle von einem Mann, an der anderen von einer Frau die Rede ist, ist weder sprachlich noch inhaltlich korrekt. Solche manchmal detektivisch erscheinende Arbeit dient im Grunde der Richtigstellung der Auslegung, wo gesellschaftsbedingte Vorurteile dem Verständnis im Weg stehen.

Der feministische Zugang hat dabei entdeckt, dass das entstehende Christentum selbstverständlich Teil der es umgebenden Kultur war, im Rahmen des damals möglichen Spektrums jedoch die Frauen relativ große Möglichkeiten religiöser Betätigung hatten und ihnen auch Leitungspositionen im frühen Christentum nicht verwehrt waren. Dass dies nicht ohne Konflikte abging, bezeugen nicht zuletzt einige Bibelstellen, die sich mit der Rolle von Frauen auseinandersetzen, beispielsweise 1 Korinther 14,34: »Die Frauen sollen in der Versammlung schweigen; es ist ihnen nicht gestattet zu reden. Sie sollen sich unterordnen, wie auch das Gesetz es fordert. Wenn sie etwas wissen wollen, dann sollen sie zu Hause ihre Männer fragen; denn es gehört sich nicht für eine Frau, vor der Gemeinde zu reden.« Diese Stelle spricht nicht gegen, sondern für die Praxis, dass Frauen durchaus in der christlichen Öffentlichkeit geredet haben – sonst wäre es kaum nötig gewesen, sich dagegen zu wenden. Der – immerhin ebenfalls überlieferte – Satz aus Galater 3,28: »Es gibt nicht mehr Juden und Griechen, nicht Sklaven und Freie, nicht Mann und Frau; denn ihr alle seid ›einer‹ in Christus Jesus« zeigt jedoch, dass in der Perspektive des jungen christlichen Glaubens das Geschlecht eine geringe Rolle spielte gegenüber der überwältigenden Botschaft vom Reich Gottes und sich daher auch kulturell bedingte Geschlechterrollen offensichtlich relativierten.

Weiter hat die feministische Exegese auf gewisse Einseitigkeiten in der traditionellen Bibelauslegung hingewiesen. Das Interesse lag (und liegt teilweise bis heute, wenn man sich beispielsweise die für die Gottesdienste vorgesehenen Predigttexte anschaut) wesentlich mehr auf männlichen als auf weiblichen Gestalten. Das Ungleichgewicht zwischen Frauen und Männern, das die Bibel fraglos transportiert, wurde also in der Geschichte des Christentums noch deutlich verstärkt. Feministische Bibelauslegung sucht hier zunächst ein Erbe zurückzugewinnen, das zur biblischen Tradition gehört und heute für Frauen wie für Männer bedeutsam sein kann.

Dennoch kommt die feministische Auslegung nicht um die Erkenntnis herum, dass nicht alle Problematik in der Auslegungsgeschichte liegt: Auch die biblischen Texte selbst sind nicht frei von ungerechten und manchmal auch Frauen unterdrückenden Aspekten. Diese sind einerseits in ihrem historischen Kontext zu erläutern und in diesem zu verstehen, andererseits aber auch im Blick auf ihre Wirkung für heute zu kritisieren. Der feministische Zugang muss daher ein komplexes Verhältnis zur Bibel ausbalancieren: Die Quelle der Stärkung von Frauen und ihre Befreiung aus Ungerechtigkeit ist zugleich die ihrer Unterdrückung. In besonderem Maß ist sie daher einem sehr differenzierten Blick auf die Texte verpflichtet.

Zum Weiterlesen:

> *Luise Schottroff/Silvia Schroer/Marie-Theres Wacker: Feministische Exegese: Forschungserträge zur Bibel aus der Perspektive von Frauen, Darmstadt 1995*

> *Luise Schottroff/Marie-Theres Wacker: Kompendium Feministische Bibelauslegung, Gütersloh 2007*

> *Irene Leicht/Claudia Rahel/Stefanie Rieger-Goertz (Hg.): Arbeitsbuch feministische Theologie: Inhalte, Methoden und Materialien für Hochschule, Erwachsenenbildung und Gemeinde, Gütersloh 2003*

Beispiel: Feministischer Zugang zu Markus 14,3–9

Einigen (männlichen) Auslegern erscheint die Szene wie eine Folge aus dem Roman »Jesus und die Frauen«: Sie weisen vor allem das sinnlich-erotische Moment der Geschichte zurück und wollen verhindern, dass diese Szene als Anspielung auf Jesu Liebesleben missverstanden wird.

Im Unterschied zu Simon, dem Aussätzigen, ist die Frau in der Salbungsgeschichte namenlos. Vielleicht gehörte sie zu dem engeren Kreis um Jesus, doch auch das bleibt unausgesprochen. Dennoch ist sie herausgehoben als tragende Handlungsfigur dieser Szene. Sie wird geradezu »angeleuchtet«: Man kann sie sich vorstellen, wie sie die Sitzenden überragt und Jesus als den von Gott Herausgehobenen salbt. Das wird noch dadurch unterstrichen, dass die Jünger in der Geschichte nicht genannt werden. Sie hinterlassen geradezu eine »Leerstelle«. In diese Leerstelle tritt die Salbende. Wie die Frauen unter dem Kreuz oder die Frauen am Grab kommt sie in eine besondere, fast priesterliche Funktion, wo die Jünger versagen. Ihr Dienst gilt dabei nicht ihr selbst, sondern Jesus. Doch lenkt dieser am Schluss den Blick noch einmal auf die Frau und auf das Bleibende ihrer Tat, die Erinnerung. Die Frau erahnte oder erkannte die Notwendigkeit von Jesu Tod und Leiden und drückt dies symbolisch in der Salbungshandlung aus. Sie kann damit als Beispiel für wahre Jüngerschaft gelten.

Befreiungstheologischer Zugang

Legt der feministische Zugang den Fokus auf die Ungerechtigkeit zwischen Frauen und Männern, so liest der befreiungstheologische Zugang die Bibel auf die Befreiung der Armen und Unterdrückten hin. Als »Theologie von unten« in Lateinamerika entstanden, stellt er eine direkte Verbindung zwischen den Geschichten der Bibel und dem Leben der Armen her. In den biblischen Texten, die Ungerechtigkeit anprangern und Gerechtigkeit fordern, die die Armen selig preisen und die Reichen kritisieren, die von dem Sturz der Mächtigen sprechen und Gottes heilvollen Willen für alle Menschen verkünden, finden sich entrechtete und unterdrückte Menschen direkt wieder. Der befreiungstheologische Zugang möchte die Bibel direkt in die Hände der Armen geben, ohne dass sie Anleitung von theologischen Experten bräuchten, um diese zu verstehen. Es geht um die unmittelbare Identifikation, um die Erkenntnis: Die Bibel spricht von uns. Diese Erkenntnis aber hat Konsequenzen, denn der befreiungstheologische Zugang endet nicht mit dem Verstehen, sondern versteht die Bibellektüre als Weg, um die Verhältnisse zu verändern.

Dieser Zugang ist in Europa mittlerweile sehr bekannt und wurde auch von Europäerinnen und Europäern aufgenommen und auf unsere Verhältnisse übertragen, zum Beispiel von Dorothee Sölle auf evangelischer oder Johann Baptist Metz auf katholischer Seite. Für Menschen, die nicht in Armut und Unterdrückung leben, regt der befreiungstheologische Zugang dazu an, die eigene Verstrickung in die weltweite Ungerechtigkeit wahrzunehmen und die politische Dimension des christlichen Glaubens ernst zu nehmen. Sie hilft dabei, die Bibel nicht nur als Quelle theologischen Wissens zu lesen, sondern als Buch mit Konsequenzen für das konkrete Leben. Allerdings darf dabei nicht vergessen werden, dass der eigene Standort für den Zugang zur Bibel ganz entscheidend ist. So zeigt uns als westlichen Lesern die befreiungstheologische Lektüre vor allem gerade die Unterschiede zwischen der Welt der Bibel und unserer heutigen Gesellschaft auf, während sie für Menschen in Lateinamerika (sowie teilweise auch Afrika und Asien) eher die Gemeinsamkeiten zwischen der Bibel und ihrem eigenen Leben betont.

Zum Weiterlesen:

> *Jorge Pixley: Heilsgeschichte von unten. Eine Geschichte des Volkes Israel aus der Sicht der Armen, Nürnberg 2008*

> *Dick Boer: Erlösung aus der Sklaverei. Versuch einer biblischen Theologie der Befreiung, Münster 2008*

Beispiel: Befreiungstheologischer Zugang zu Markus 14,3–9

Die Geschichte konfrontiert das sinnlich-verschwenderische Salben mit dem tatkräftigen Gebot der Armenfürsorge, die im damaligen Judentum zum religiösen Leben selbstverständlich dazugehörte und beim Passafest (vergleiche Markus 14,1) eine besondere Rolle spielte. Die murrenden Stimmen sorgen sich um dieses Gebot und kritisieren die Frau: Statt so viel Öl zu verwenden, hätte man das Geld für das kostbare Salböl lieber den Armen geben sollen. Ihre Kritik wird verständlicher, wenn man weiß, dass ein solches Öl mehr als 300 Silbergroschen oder Denare kostete. Der Denar war eine römische Silbermünze. Sein Wert entspricht heute etwa 50 Cent. Damals aber war das der Tageslohn eines Arbeiters. Das heißt: Ein einfacher Mann hätte fast ein Jahr lang arbeiten müssen, um das Glas mit Nardenöl kaufen zu können. Den murrenden Stimmen erscheint darum das Salben als Verschwendung, als unnötiger Luxus. Sie hätten das Geld gern »vernünftiger« eingesetzt.

Jesus aber nimmt die Frau in Schutz. Sie habe ein »gutes« Werk getan. Im Griechischen gibt es dafür zwei Wörter: agathos (sittlich gut) und kalos (gut und schön). Um diesen Akzent geht es im vorliegenden Fall. Die Frau hat ein gutes und zugleich ästhetisch schönes Werk getan und das wird ihr von Jesus anerkannt. Das heißt aber im Umkehrschluss nicht, dass die Armenliebe weniger gilt als die Jesusliebe, der Menschendienst weniger als der Gottesdienst. Die sozialen Pflichten sind ebenso wichtig wie die religiösen. Nur: Es kommt auf den richtigen Augenblick an. Wie in einigen Gleichnissen betont Jesus hier die Zeit, in der der »Bräutigam« – damit ist hier Jesus gemeint – noch da ist. Diese kostbare Zeit soll man nutzen und nicht mit Nützlichkeitsdenken verschwenden. Das stellt das verbreitete Denken auf den Kopf: Jetzt ist eben noch die Zeit der Liebe und der Schönheit und sie darf sich ausdrücken in Verschwendung. Unbekümmert, unvernünftig, nicht berechnend fragt die Frau nicht, was es kostet, sondern erkennt die einmalige Gelegenheit. Der Anspruch auf soziale

Fürsorge ist damit nicht aufgehoben, aber ausgesetzt auf Zeit. Ähnlich wie in der Perikope von Martha und Maria (Lukas 10,38–42) lässt Jesus beides gelten: das Nützliche und das Gute (Schöne). Beides hat seine Zeit (Prediger/Kohelet 3).

Intertextueller Zugang

Der intertextuelle Zugang setzt noch einmal einen ganz anderen Schwerpunkt: Er konzentriert sich auf die Beziehung eines biblischen Textes zu anderen biblischen Texten. Sie bilden ein Geflecht, ein Netzwerk von Texten und beziehen sich aufeinander, setzen sich gegenseitig voraus, spielen aufeinander an und führen einander weiter. Viele Texte nehmen explizit Bezug auf andere, indem sie diese zitieren. Am deutlichsten wird das im Neuen Testament, das ganz bewusst Zitate aus dem Alten Testament einsetzt, damit deutlich wird, dass die Angehörigen der »neuen« Religion, also die Christinnen und Christen, in der Geschichte Gottes mit seinem Volk stehen und sich gleichzeitig auf die Autorität dieser Tradition berufen. Ein ganz bekanntes Beispiel sind die bei Matthäus überlieferten letzten Worte Jesu am Kreuz »Mein Gott, mein Gott, warum hast du mich verlassen?«, die wörtlich so in Psalm 22 stehen. Auch in den Briefen wird die Tradition zitiert und als Beleg für den Glauben an Jesus von Nazaret verstanden.

Aber auch wenn nicht explizit zitiert wird, spielen viele Texte auf andere Texte an oder auf Ereignisse, die in diesen berichtet werden. So erinnern viele an vergangene Taten Gottes und schlagen damit den Bogen einer heilvollen Geschichte zwischen Gott und den Menschen. Jesaja 43,16 ff. spielt beispielsweise auf Exodus 2 an, wenn es dort heißt: »So spricht der Herr, der einen Weg durchs Meer bahnt, einen Pfad durch das gewaltige Wasser, der Wagen und Rösser ausziehen lässt, zusammen mit einem mächtigen Heer; doch sie liegen am Boden und stehen nicht mehr auf, sie sind erloschen und verglüht wie ein Docht.« In Exodus 32,13 spielt Mose in seiner Auseinandersetzung mit Gott, der das Volk wegen seiner Abwendung von ihm vernichten will, auf die in der Genesis überlieferte Verheißung Gottes an sein Volk an (zum Beispiel Genesis 22,17 und 26,4), wenn er sagt: »Denk an deine Knechte, an Abraham, Isaak und Israel, denen du mit einem Eid bei deinem eigenen Namen zugesichert und gesagt hast: Ich will eure Nachkommen zahlreich machen wie die Sterne am Himmel, und: Dieses ganze Land, von dem ich gesprochen habe, will ich euren Nachkommen geben, und sie sollen es für immer besitzen.« Manchmal ist die Anspielung auch noch verborgener, wenn nur ein ähnliches sprachliches Bild benutzt oder eine bestimmte Gattung aufgegriffen wird.

Das Konzept der Intertextualität ist nicht in erster Linie daran interessiert nachzuweisen, welcher Text von welchem »abgeschrieben« wurde und welcher damit »ursprünglicher« ist. Nach intertextuellem Verständnis wird ein Text nicht wertvoller dadurch, dass er älter ist, oder weniger wertvoll, weil er von einem anderen beeinflusst wurde. Stattdessen dient ein zweiter Text einem vertieften Verständnis und kann manchmal ganz neue Perspektiven für das Verstehen des ersten eröffnen, wenn dadurch der gedankliche Hintergrund deutlich wird. Dabei ist auch in Rechnung zu stellen, dass die ursprünglichen Leser und Leserinnen des Textes diese gedanklichen Hintergründe vermutlich kannten und mitdachten, wenn sie sie lasen. Der intertextuelle Ansatz geht von einer Kommunikation zwischen dem Text und seinen Leserinnen und Lesern aus, bei der der Text in seinen Anspielungen einen Horizont eröffnet, in den die Lesenden eintreten und ihn weiterschreiben. Insofern ist es wichtig, diesen Hintergrund, soweit es uns möglich ist, mit einer intertextuellen Herangehensweise zu eröffnen, um ihm nahe kommen zu können. Besonders spannend wird es wie immer dann, wenn eine überraschende Variation erkennbar ist, eine Umdeutung beispielsweise oder ein Bruch mit dem, was die Leserinnen und Leser vermutlich erwartet haben.

Dies macht eine wichtige Stärke des intertextuellen Zugangs aus: Er eröffnet uns den Horizont, in dem die Texte stehen und ohne den sie nicht angemessen verstanden werden können. Er hat zudem – wie der literaturwissenschaftliche Ansatz – den Vorzug, dass er kein großes Vorwissen voraussetzt, sondern eher genaues Hinsehen, Kreativität und Geduld erfordert. Nun hat kaum jemand die gesamte Bibel so präsent, dass einem alle verwandten Bibelstellen sofort im Kopf sind, wenn man eine Zeile liest. Im Zeitalter des Internets sind diese jedoch einfach zu finden. Der Ansatz, einen Text von seiner Kommunikation mit seinen Leserinnen und Lesern her zu betrachten, bezieht diese mit ein und regt zur Auseinandersetzung und zum Mitdenken an.

Zum Weiterlesen:

> *Klara Butting: Die Buchstaben werden sich noch wundern. Innerbiblische Kritik als Wegweisung feministischer Hermeneutik, Uelzen 2008*
> *Helmut Utzschneider/Erhard Blum: Lesarten der Bibel, Stuttgart 2006*
> *www.bibel-konkordanz.de/cgi-bin/sstart.pl*

Auch der intertextuelle Zugang eröffnet nur eine von vielen Dimensionen der Texte. Er steht in der Gefahr, das literarische Wachstum der Texte ebenso wie die sozialen Kontexte zu vernachlässigen. Außerdem wird nicht immer klar unterschieden, ob die Verfasser eines Textes einen anderen wirklich wörtlich kannten oder ob sie nur die gleiche Gedankenwelt teilten.

Von Bedeutung wird der Zugang vor allem dann, wenn er deutlich macht, inwiefern ich einen Text wirklich noch einmal neu verstehen kann, wenn ich seine Bezüge zu anderen Texten kenne.

Beispiel: Intertextueller Zugang zu Markus 14,3–9

Die Salbungsgeschichte hat Parallelen in Matthäus 26,6–13 und Johannes 12,1–8 und eine Dublette in Lukas 7,36–50 (die Salbung der Füße Jesu durch die große Sünderin), die durch Einzelvergleiche zusätzliche Deutungsmöglichkeiten erschließen. Doch die Geschichte weist auch noch andere intertextuelle Verflechtungen auf. Wichtig ist vor allem der Bezug auf das Gebot der Armenfürsorge, das bereits im Ersten Testament als Grundsatz aufgeführt wird: »Es werden allezeit Arme sein im Lande« (Deuteronomium 15,11). Die Salbung des angehenden Königs in 1 Samuel 10,1 und 2 Könige 9,6 dürfte im Hintergrund mitschwingen. Zudem korrespondiert der Hinweis auf die 300 Denare, die das Öl kostet, mit den 30 Silberlingen, für die Judas seinen Herrn ausliefert (Matthäus 27,3). Die herausgehobene Rolle der Frau nimmt die Frauen am Grab in Markus 16 voraus.

Tiefenpsychologischer Zugang

Der tiefenpsychologische Zugang schließlich fragt wie der historisch-kritische »hinter« den Text zurück, er interessiert sich jedoch nicht für seine Entstehung, sondern für die in ihm enthaltenen symbolischen Tiefenschichten. Er nimmt an, dass die Texte sogenannte »*archetypische*« Bilder enthalten – allgemein menschliche Urbilder und Symbole, die unabhängig sind von Zeit und Kultur. Diese sind Ausdruck des »kollektiven Unbewussten« (C. G. Jung), einer seelischen Tiefenschicht im Menschen, die als angeboren angenommen wird. Für das psychische

Wohlergehen des Menschen ist es wichtig, auf die Signale dieses Unbewussten zu hören und ihnen zu folgen.

Diese Symbole und Urbilder des »kollektiven Unbewussten« verbinden nach Überzeugung dieser Herangehensweise die biblischen Texte und uns heute, wenn wir sie lesen. Sie bildet sozusagen eine Brücke, die es unnötig macht, die historische Distanz zu überspringen, weil sie in dieser Tiefenschicht gar nicht vorhanden ist. Insofern sucht der tiefenpsychologische Zugang nach solchen archetypischen Bildern und deutet diese. Wie in der Traumdeutung unterscheidet er die vordergründige Erzählung von Ereignissen und Abläufen und die darunterliegende Schicht seelischer Konflikte. So wird beispielsweise Blindheit als innere Erstarrung gedeutet und die Heilung aus dieser Blindheit als Rückkehr zum Leben im eigentlichen Sinn des Wortes. Diese Symbole sagen Wesentliches über den Menschen und seine psychischen Konflikte aus und können uns heute dabei helfen, uns besser zu verstehen und einen Weg innerer Heilung und Reifung zu gehen.

Der tiefenpsychologische Zugang zeigt Menschen so deutlich wie kein anderer, dass die Bibel etwas mit ihnen zu tun hat – dass sie eben nicht nur ein »fremdes Buch« ist, sondern von Erfahrungen und Problemen spricht, die wir heute wie damals kennen. Er eröffnet sehr unmittelbar die Möglichkeit, sich selbst in der Bibel wiederzufinden. Zudem macht er die heilsame Dimension biblischer Texte besonders deutlich und zeigt konkrete Wege auf, die Geschichten als hilfreich für das eigene Leben zu erfahren.

Die Stärke dieses Zugangs ist zugleich seine Schwäche – vor allem dann, wenn er als einziger Zugang zur Bibel verwendet wird. Er überspringt die historische Distanz und beinhaltet daher das Risiko, die Texte für unsere Themen heute zu vereinnahmen. Er nimmt eine »Psychologisierung« der Bibel vor, die in der Gefahr steht, wissen zu wollen, was in den Texten

»eigentlich« gemeint ist. Letztlich bleibt die Identifikation von »archetypischen Bildern« in der Bibel natürlich Spekulation. Schließlich erfordert auch der tiefenpsychologische Zugang (in diesem Fall vor allem psychologische) Vorkenntnisse und Erfahrungen im Umgang mit symbolischen Bildern.

Für die eigene Bibellektüre kann er jedoch ein interessanter Anstoß dazu sein, auf Symbole und Bilder zu achten, die mich spontan ansprechen. Die Frage, was eine biblische Geschichte in mir während der Lektüre anstößt, auf welche inneren Konflikte und Erstarrungen sie mich aufmerksam machen könnte und wie in dieser Geschichte mit diesen Verkrümmungen umgegangen wird, kann hilfreich und bereichernd sein, auch wenn ich keine gesamte tiefenpsychologische Exegese der Bibel durchführe.

Zum Weiterlesen:

> *Anselm Grün: Tiefenpsychologische Schriftauslegung, Münster-schwarzach 2007*

> *Eugen Drewermann: Tiefenpsychologie und Exegese, Band 1–3, Düsseldorf 1993*

Beispiel: Tiefenpsychologischer Zugang zu Markus 14,3–9

Der tiefenpsychologische Zugang betont die subjektive, emotionale Seite der Erzählung. Die Salbung gilt hier als symbolischer, eigentlich schon sakramentaler Ausdruck. Die Geschichte bietet aber auch eine Gefühlsebene an, auf der sich auch heutige Leser und Leserinnen mit dem Geschehen identifizieren können. Die Salbung kann vor diesem Hintergrund als Abschiedsritual gedeutet werden, in dem sich Trauer, aber auch Einstimmung in den unabänderlich bevorstehenden Verlust mischen. Die »unvernünftige« Salbung Jesu durch die Frau kann damit als symbolische Integration von Leid und Tod in das eigene Leben interpretiert werden. Die sinnlich-leibliche Handlung, die mit kognitiven Redeabschnitten verbunden wird, zielt auf ein ganzheitliches Erleben. Der Tod Jesu wird in einer Symbolhandlung vorweggenommen. Was bleibt und dauert, ist die Erinnerung (Vers 9).

Auch auf einer zweiten Ebene kann die Begebenheit als eine Geschichte der Integration bzw. des Ausgleiches und wechselseitigen Austausches gelesen werden. Der bis dahin in den Evangelien eher gebende Jesus (woran mit dem Hinweis auf den Aussätzigen ja auch noch einmal erinnert wird) wird hier der Beschenkte, Empfangende. Dabei werden die traditionellen männlichen und weiblichen Rollenbilder getauscht und verfremdet: Die Frau gibt und der Mann empfängt.

5. Die Bibel als Partnerin:
Erfahrungsbezogene Zugänge zur Bibel

»Mit den Psalmen der Bibel ist es wie mit dem Brot. Über Brot kann man diskutieren, man kann es analysieren, chemisch in seine Bestandteile auflösen..., doch nur dem, der das Brot isst, gibt und stärkt es das Leben.« (Erich Zenger)

Die an Erkenntnis orientierten Zugänge verstehen die Bibel als Gegenüber, das sie aus einer mehr oder weniger großen Distanz vorrangig als Dokument einer vergangenen Kultur betrachten. Anders die Zugänge, die ich hier »erfahrungsbezogen« nenne: Sie betonen die Nähe zu den biblischen Texten und die Gemeinsamkeiten zwischen damaliger und heutiger Erfahrung. Sie fragen vor allem nach ihrer Lebensrelevanz für uns heute. Die Geschichte des Textes und die Lebensgeschichte des einzelnen Lesers treten miteinander in Beziehung und legen sich gegenseitig aus. Damit dies möglich wird, ist eine lebendige und engagierte Begegnung nötig, die kreative Elemente verwendet und unterschiedliche Ebenen des Menschseins anspricht, was sich im Stichwort »Ganzheitlichkeit« ausdrückt. Die Bibel ist hier weniger Gegenüber als vielmehr Partnerin, der man als Mensch begegnen kann.

Das subjektive, persönliche Element wird gerade nicht zurückgedrängt, sondern ernst genommen und als Weg zur Bibel wertgeschätzt. Da die Zugänge wesentlich auf Erfahrungen basieren, sind für sie theologische Vorbildung und historisches Wissen nicht nötig. Ganz im Gegenteil: Sie sind daran orientiert, möglichst vielen Menschen voraussetzungslos neue

Wege zur Bibel zu eröffnen. Entwickelt haben sich die erfahrungsbezogenen Ansätze daher teilweise in solchen (meist Entwicklungs-)Ländern, in denen schon aufgrund der niedrigen Alphabetisierungsrate die wissenschaftlichen Ansätze in der Exegese keine so dominante Rolle spielen wie in den Industrienationen, die aber auch sozialgesellschaftlich mehr Gemeinsamkeiten mit den Kulturen und Gesellschaften der biblischen Zeit aufweisen.

Die erfahrungsbezogenen Zugänge leugnen dabei nicht, dass der Text einen anderen historischen Hintergrund hat als den heutigen. Sie gehen nicht hinter den historisch-kritischen Zugang zurück, sondern verstehen sich im Sinn einer »zweiten Naivität«, die sich – historisch aufgeklärt – bewusst dafür entscheidet, den Texten im Wissen um die Distanz jetzt wieder mit der Suche nach Nähe zu begegnen. Methodisch beziehen sie daher exegetische Erkenntnisse durchaus in ihre Arbeit ein, meist in ihre Vorbereitung.

Bibliodramatischer Zugang/Bibliodrama

Der bibliodramatische Zugang zu biblischen Texten setzt Menschen und biblische Texte kreativ und spielerisch in Beziehung. Eine Gruppe, meist zwischen sechs und sechzehn Personen, beschäftigt sich in einem längeren (einige Tage umfassenden), manchmal auch kürzeren (mehrere Stunden dauernden) Prozess intensiv mit einem biblischen Text. In diversen methodischen Annäherungen entdecken und erfahren die Teilnehmenden den Text auf unterschiedlichen Ebenen, sodass es zu einer »ganzheitlichen« Begegnung kommt. Eine wichtige Rolle spielt dabei der Körper, über den jenseits der rein kognitiven Ebene wertvolle Erlebnisse und Erkenntnisse möglich werden. Indem die Texte nicht nur gehört und wahrgenommen, sondern

»verleiblicht« und in Szene gesetzt werden, erschließt sich ihr
Erfahrungsgehalt auf vielfache Weise. Dabei wird das Verstehen verlangsamt, Details werden wahrgenommen, Selbstverständlichkeiten aufgelöst.

Ziel des bibliodramatischen Zugangs ist es, in der Begegnung zwischen Text und Person sowohl den Text besser zu
verstehen als auch sich selbst und seine lebensgeschichtlichen Erfahrungen. Biblischer Text und Lebenstext legen sich
so gegenseitig aus. Dabei gibt es verschiedene bibliodramatische Richtungen mit unterschiedlichen Schwerpunkten, die
mal stärker auf der Texterkenntnis, mal stärker auf der Selbst-
erfahrung liegen. Bibliodrama wendet sich dagegen, sich das
Verständnis des Textes von den traditionellen theologischen
Auslegungen vorgeben zu lassen und möchte den Text selbst
hier und heute zum Klingen bringen. Es traut der Begegnung
mit dem biblischen Text zu, produktive und heilsame Erkenntnisse freizusetzen. Die vielfältigen methodischen Möglichkeiten mit den immer auch individuellen Schwerpunktsetzungen
durch die jeweilige Bibliodrama-Leitung lassen keinen Überblick über die methodischen Schritte des Bibliodramas zu. Fast
immer sind jedoch drei Phasen zu unterscheiden:

> Eine **Phase der Annäherung**, in der sich die Teilnehmen-
  den »anwärmen« (sowohl körperlich als auch mental im
  Abstandnehmen vom Alltag und Ankommen im bibliodramatischen Prozess) und die erste Begegnung mit dem Text
  erfolgt. Meist zeigen sich dabei schon Spuren des eigenen
  Weges mit dem Text.

> Eine **Phase der Interaktion** mit dem Text, die aus diversen
  methodischen Schritten besteht: Leibliches Darstellen einzelner Begriffe und Szenen des Textes, vertiefte Beschäftigung mit einzelnen Aspekten in kreativer Gestaltung, Dia-
  loge in unterschiedlichen Rollen und – nicht selten als
  Höhepunkt – das szenische Spiel des biblischen Textes.

Die lebendige Interaktion zwischen Text und Teilnehmenden bewirkt dabei, dass der Text nicht einfach im Wortlaut nachgespielt wird, sondern dass sich seine Dynamik in der Übernahme der Rollen durch die einzelnen Teilnehmenden auch unvorhergesehen entwickeln kann. Der Einfluss der lebensgeschichtlichen Erfahrung auf die Art und Weise, den Text zu verstehen und zu gestalten, wird nicht nur toleriert, sondern ist ausdrücklich erwünscht und wird als Voraussetzung begriffen, um zu Erkenntnissen über den Text zu gelangen.

> Eine **dritte Phase dient der Reflexion**. Hier tauschen die Teilnehmenden im Spiel Erlebtes und Entdecktes aus, stellen Bezüge zum Alltagsleben her und reflektieren ihre neu gewonnenen Erkenntnisse zum biblischen Text.

Wie kaum ein anderer Zugang zu biblischen Texten führt der bibliodramatische Zugang in die Tiefe – sowohl des biblischen Textes als auch der eigenen Person. Gerade die leibliche Ebene eröffnet Tiefendimensionen des Textes und erleichtert die Verbindung zu eigenen Lebenserfahrungen. Es ist berührend und oft erstaunlich, was diese Form der Begegnung bewirkt und verändern kann. Die Kraft der biblischen Texte wird beim Bibliodrama besonders stark erfahren. Ein Bibliodrama kann manchmal geradezu lebensverändernde Umorientierungen auslösen, Dinge ganz neu sehen helfen und Entscheidungen klar erkennen lassen.

Eine Schwierigkeit dieses Zugangs liegt darin, dass er auf einen längeren Prozess hin angelegt ist und eine Gruppe benötigt, die bereit ist, sich auf eine intensivere Auseinandersetzung mit der Bibel und vor allem auch mit sich selbst einzulassen. Einzelne Aspekte herauszuarbeiten, wie beispielsweise darauf zu achten, welcher Satz mich besonders anspricht, wo ich gedanklich »hängen bleibe«, ist jedoch auch alleine gut möglich.

Beispiel: Bibliodramatischer Zugang zu Markus 14,3–9

Der Text wird mehrfach gelesen. Nach einem ersten »neutralen« Vorstellen des Textes ohne bestimmte Aufgabe werden die Teilnehmenden gebeten, sich beim Hören jedes Mal in eine andere Rolle hineinzuversetzen: Zunächst in die Frau, die Jesus salbt, dann in den Hausherrn Simon, dann in einen Jünger. Als die Frau, als Simon, als ein Jünger lassen sie das Geschehen auf sich wirken und registrieren ihre Empfindungen, Gedanken und Gefühle dabei.

Anschließend wird der Text ein weiteres Mal gelesen. Dieses Mal hören ihn die Teilnehmenden als sie selbst. Sie achten jetzt darauf, welcher Satz, Halbsatz oder welches Wort ihnen jetzt besonders wichtig ist – im positiven oder im negativen Sinn. »Ihren« Satz, Halbsatz oder ihr Wort nennen sie den anderen aber nicht, sondern setzen es in eine Geste um und stellen sie den anderen vor. Die anderen vollziehen diese Geste nach und versuchen herauszubekommen, welchen Wortlaut der Vorstellende damit verbindet.

Ein nächster Schritt nimmt das »Kommen« der Frau in den Blick. Die Teilnehmenden gehen zu zweit zusammen und experimentieren damit, auf welche Weise die Frau zu Jesus kommen kann: Geht sie schnell, entschlossen, zielstrebig? Zögert sie, blickt sie umher, bleibt sie zwischendurch stehen? Wie hält sie das Gefäß mit dem kostbaren Nardenöl in der Hand? Wohin geht ihr Blick? Die verschiedenen Möglichkeiten werden in der Gesamtgruppe vorgestellt und im Blick auf den Text und auf eigene Erfahrungen ausgewertet.

Anschließend werden die beiden Alternativen, das Öl zu verwenden, in den Blick genommen. Die Teilnehmenden teilen sich in zwei Gruppen auf. Die eine entwickelt eine kleine Spielszene (aus der heutigen Zeit), die dem Vorschlag folgt, das Geld für soziale Zwecke zu verwenden. Die andere stellt in einer Szene dar, was es heute bedeutet, etwas Kostbares für etwas zu verschwenden, was einem elementar wichtig ist. Die Gruppen stellen sich ihre Szenen gegenseitig vor. Diejenigen, die zuschauen, geben der Szene anschließend einen Titel.

Danach wird gemeinsam überlegt, was diese Szenen in der Gegenwart Neues über den Text entdecken lassen.

In einem nächsten Schritt rückt die Salbung in den Mittelpunkt. Jede Person wird von einer anderen mit einem vorbereiteten duftenden Öl (auf der Stirn) gesalbt. Dafür steht genügend Zeit zur Verfügung, damit die Handlung bewusst erlebt werden kann und ein Austausch zwischen denen, die dies miteinander vollzogen haben, möglich ist.

Abschließend wird die ganze Szene im Spiel inszeniert. Die Rollen der Frau, Jesu Jünger, Jüngerinnen und andere Gäste, der Hausherr Simon werden (nach eigener Wahl) besetzt. Hinzu kommen weitere Rollen nach Wunsch, wie beispielsweise das Öl, das Haus oder die Armen. Die Anfangsszene wird festgelegt. Das Spiel entwickelt sich in der Spannung zwischen Text und Lebensgeschichten der Teilnehmenden. Dabei muss sein Ablauf nicht immer dem Text genau entsprechen, es kann auch unvorhergesehene Wendungen geben wie beispielsweise ein Jünger, der sich mit der Frau solidarisiert, oder eine Jüngerin, die empört den Raum verlässt. Auch diese Varianten werden in die abschließende Reflexion, was dieses Spiel über den Text aussagt, einbezogen. Anschließend wird das Spiel mit den Erfahrungen der Teilnehmenden verbunden, indem diese sich gegenseitig erzählen, welche Aspekte des Spiels sie an lebensgeschichtliche Erfahrungen erinnert haben.

Zum Weiterlesen:

> Elisabeth Naurath/Uta Pohl-Patalong (Hg.): Bibel. Theorie – Praxis – Reflexion, Stuttgart 2002
> Gerhard Marcel Martin: Sachbuch Bibliodrama. Praxis und Theorie, Stuttgart 1995
> Thomas Stühlmeyer: Veränderungen des Textverständnisses durch Bibliodrama, Paderborn 2004

Bibliologischer Zugang/Bibliolog

Einen mit dem Bibliodrama verwandten, aber doch deutlich von ihm unterschiedenen Zugang bildet der Bibliolog. Bibliolog wurde von dem nordamerikanischen Juden Peter Pitzele entwickelt und beruht auf der jüdischen Auslegungsweise des Midrasch. Wie diese nähert sich der Bibliolog dem Bibeltext, indem er darauf achtet, was »zwischen den Zeilen« steht. Die Texte sagen vieles, aber sie sagen nicht alles. Sie lassen Fragen offen, ja, sie werfen sie sogar auf und geben die Antworten nicht vor. Dies ist in den Worten der alten Rabbiner das »weiße Feuer«, während die Buchstaben des Textes das »schwarze Feuer« sind. Im Bibliolog wird das »weiße Feuer« dadurch geschürt, dass sich die Teilnehmenden in die Geschichte hineinversetzen und das, was der Text offen lässt, mit eigenen Erfahrungen und Deutungen füllen. Dies ist jedoch nicht Selbstzweck, sondern führt zu einer vertieften Entdeckung und Erkenntnis des »schwarzen Feuers«.

Dabei identifizieren sich die Teilnehmenden mit biblischen Gestalten und beantworten in ihren Rollen Fragen, die die Leitung des Bibliologs an sie richtet. Alle dürfen sich äußern, ohne befürchten zu müssen, »falsch« zu liegen – denn es werden nur Fragen gestellt, die im Text wirklich offenbleiben und zu eigener Deutung herausfordern. So können in der Weihnachtsgeschichte die Hirten nicht gefragt werden, ob sie den Worten des Engels glauben und sich zum Stall aufmachen – denn das steht im Text (Lukas 2,15 f.). Die Frage hingegen, was sie davon überzeugt hat, es zu glauben, oder die Frage, mit welchen Gedanken und Gefühlen sie sich auf den Weg machen, eröffnet spannende und erhellende Einsichten (die auch diese so bekannte Geschichte noch einmal in einem neuen Licht erscheinen lassen können). Die Leitung gibt die einzelnen Aussagen im *»echoing«* wieder, um Würdigung und Wertschätzung jeder Äußerung sicherzustellen und genügend Zeit zur Vertiefung zu geben. Manchmal fragt sie auch noch einmal nach. Die unterschiedlichen Aussagen und damit auch die unterschiedlichen Deutungen bleiben nebeneinander stehen und werden nicht in eine einheitliche Botschaft aufgelöst, denn Bibliolog beruht auf der Überzeugung, dass der Bibeltext immer größer ist als alle Deutungen, die wir an ihn herantragen.

Die klare Struktur des Bibliologs und der relativ kurze Zeitrahmen (15 bis 30 Minuten) machen es möglich, diesen Zugang zur Bibel in ganz unterschiedlichen Bereichen einzusetzen. Bibliolog kann im Gottesdienst als »Predigt mit der ganzen Gemeinde« erlebt werden, eignet sich aber auch im schulischen Religionsunterricht, in der Arbeit mit Jugendlichen, in Gesprächskreisen und überall dort, wo eine Gruppe von Menschen sich mit biblischen Texten beschäftigt. Da sich Bibliolog auf die sprachliche Ebene konzentriert, ist er manchen Menschen leichter zugänglich als das Bibliodrama. Anders als bei diesem sind ganz unterschiedliche Grade des Sich-Einlassens auf das Geschehen möglich und legitim. Dabei ist es unerheblich, ob Menschen mit der Bibel vertraut sind oder nicht. Bibliolog benötigt keine Vorkenntnisse, sondern nur die Bereitschaft, in einen Text einzutreten. An die Leitung stellt er allerdings hohe Anforderungen. Sie ist dafür verantwortlich, die Teilnehmenden so in den Text hineinzuführen, dass sie sich gut mit den biblischen Rollen identifizieren und sich als diese äußern können. Sie stellt sicher, dass die Fragen wirklich das »weiße Feuer« betreffen und nicht Fragen als offene Fragen gestellt werden, auf die der Text schon die Antwort gibt. Ferner muss die Leitung mit ihrer eigenen Deutung des Textes in der Durchführung ganz zurücktreten und im »echoing« jede Äußerung wertschätzend wiedergeben können. Diese Aufgaben lassen sich nicht aus Büchern lernen, sondern erfordern den Besuch einer fünftägigen Bibliolog-Fortbildung.

Bibliolog *anzuleiten lässt sich in einem* **einwöchigen Grundkurs** *(der auch auf zwei Wochenenden aufgeteilt werden kann) lernen. Voraussetzung ist ein sicherer Umgang mit der Bibel und Erfahrung in der Leitung von Gruppen. Die entsprechenden Kurse gibt es mittlerweile an vielen Orten im deutschsprachigen Raum. Alle Kurse mit Tagungsorten und Terminen finden Sie unter www. bibliolog.de.*

Aber auch für die persönliche Bibellektüre ist der Bibliolog sehr hilfreich. Ich kann auch für mich allein einen Bibeltext »bibliologisch« lesen. Das bedeutet, ihn sehr langsam und genau wahrzunehmen und »zwischen seinen Zeilen« zu lesen, sodass man darauf achtet, welche Fragen im Text offenbleiben, zum Beispiel (bezogen auf Markus 14,3–9): Wie kommt die Frau eigentlich dazu, Jesus zu salben? Wie ist das für sie, auf ihn zuzugehen und das zu tun? Wie empfindet Jesus das? Was genau steckt hinter dem Ärger der anderen Anwesenden? Wie empfindet der Hausherr das? Hat es eine Bedeutung, dass er als »Simon der Aussätzige« eingeführt wird – kennt er beispielsweise die Erfahrung von Ausgrenzung? Was schwingt alles in den Worten Jesu mit? Wie hören sie die Anwesenden, Jünger, Gäste, Hausherr oder Hauspersonal? Einen biblischen Text auf diese Weise »bibliologisch« zu lesen, macht die Texte auf der einen Seite lebendig und spannend, auf der anderen Seite bietet es oft eine sehr interessante Möglichkeit, einen Text zu verstehen. Dies gilt übrigens auch für auf den ersten Blick sperrige und weniger zugängliche Abschnitte aus der Bibel, zum Beispiel Brieftexte. Hier versetzt sich der Bibliolog entweder in die Rollen derjenigen, die den Brief geschrieben oder diktiert haben, und fragt, mit welchen Gedanken, Gefühlen und Anliegen der Brief verfasst wurde. Oder er regt dazu an, sich in die Rollen derjenigen hineinzuversetzen, die den Brief hören – das engagierte Gemeindeglied, die neu bekehrte Christin, die arme Witwe, der Skeptiker, jemand, der zum ersten Mal in die Gemeinde hineinschaut … Es können sogar die »nichtmenschlichen« Rollen des Textes zum Leben erweckt werden und als solche dann denken, fühlen und sprechen: So kann beispielsweise die »finstere Schlucht« aus Psalm 23 befragt werden, wie es ist, dass der Menschen in ihm kein Unglück fürchtet, der Stab Gottes kann erzählen, wie es ist zu trösten, und der gedeckte Tisch vor den Augen der Feinde hat sicher ebenfalls viel zu berichten.

Mit dem Bibliolog kann ich mich auf lebendige Weise einem biblischen Text nähern und unmittelbar erleben, wie aktuell und lebensnah die biblischen Geschichten für uns heute sind. Er ist mit sehr geringem Aufwand durchführbar, wo immer eine Gruppe sich mit der Bibel beschäftigt. Dabei verbindet er Menschen aller Generationen und ganz unterschiedlicher Erfahrungen mit der Bibel – man braucht keine Vorkenntnisse, aber auch bibelerfahrene Menschen entdecken Texte ganz neu.

Schwierig ist der Bibliolog manchmal für Menschen, die sehr an ihrem eigenen Verständnis eines Textes hängen, sodass es schwer fällt, andere Deutungen neben der eigenen stehen zu lassen. Zudem kann die klare Struktur dazu verführen, Bibliolog anzuleiten, ohne es gelernt zu haben – in diesem Fall kann die gemeinsame Entdeckung des Textes auch misslingen.

Zum Weiterlesen:

Uta Pohl-Patalong: Bibliolog. Impulse für Gottesdienst, Gemeinde und Schule. Band 1: Grundformen; Band 2 (zusammen mit Maria Elisabeth Aigner): Aufbauformen, Stuttgart 2009.

Beispiel: Bibliologischer Zugang zu Markus 14,3–9:

Nach dem »Prolog«, in dem der Bibliolog erläutert wird, führt die Leitung folgendermaßen in die Geschichte ein: »Jesus und seine Jüngerinnen und Jünger sind nach Jerusalem gekommen. Sie wissen, die Lage spitzt sich zu für Jesus. Er hat sich bei den Mächtigen unbeliebt gemacht und unter römischer Herrschaft ist das gefährlich: Aufruhr im Volk wird hart bestraft. Direkt vor dem Text, um den es heute gehen soll, ist von einem Plan die Rede, wie man Jesus töten könnte, allerdings besteht Einigkeit, es nicht während des bevorstehenden, für das jüdische Volk ganz wichtigen Passafestes zu tun, damit es keinen Volksaufstand gibt, denn Jesus ist im jüdischen Volk beliebt.

Direkt im Anschluss daran wird erzählt, dass Jesus in Betanien, einem kleinen Ort ganz dicht bei Jerusalem, zu Gast in einem Haus ist. Hier kennt Jesus offensichtlich Menschen, die ihm wohlgesonnen sind und ihn einladen. »Simon der Aussätzige« wird als sein Gastgeber genannt, warum er diesen Beinamen hat, erfahren wir nicht, vermutlich aber war er einmal aussätzig und ist geheilt worden. Jesus, und nicht nur er, sondern vermutlich auch seine Jüngerinnen und Jünger und sicher auch noch andere Gäste sitzen also zu Tisch, vermutlich beim Essen. Mitten hinein in diese Mahlzeit geschieht nun etwas ganz Unerwartetes. In der Bibel heißt es (Markus 14,3): ›Als Jesus in Betanien im Haus Simon des Aussätzigen bei Tisch war, kam eine Frau mit einem Alabastergefäß voll echtem, kostbarem Nardenöl, zerbrach es und goss das Öl über sein Haar.‹

Eine Frau kommt in dieses Haus – offensichtlich nicht eingeladen –, geht zu Jesus und gießt unglaublich kostbares Öl auf seinen Kopf. Ein Öl, mit dem eigentlich nur Könige gesalbt werden.

Sie – Sie alle – sind diese Frau. Frau, was bewegt dich, als du das tust: in das Haus zu kommen, in dem Jesus gerade isst, durch alle Anwesenden hindurch zu ihm zu gehen, deine Flasche zu zerbrechen und ihm das kostbare Öl über sein Haar zu gießen? Was geht dir durch den Kopf und das Herz dabei?«

Als Frau, die Jesus salbt, könnten die Teilnehmenden nun bei-spielsweise antworten:

»Ich muss das einfach tun. Es ist völlig verrückt, aber ich muss es tun. Eine innere Stimme hat mir gesagt, nimm das Öl, geh und salbe damit diesen Mann!«

»Ich möchte Jesus etwas Gutes tun. Sonst ist er immer für andere da. Jetzt ist er mal dran.«

»Ich habe das Öl immer für etwas ganz Besonderes aufgehoben. Und was könnte es Besondereres geben als ihn? Wenn das ein Öl für Könige ist – er ist der größte König.«

Die Leitung fährt fort: »Was die Frau tut, bleibt nicht folgenlos. In der Bibel heißt es weiter (Markus 14,4–5): ›Einige aber wurden unwillig und sagten zueinander: Wozu diese Verschwendung? Man hätte das Öl um mehr als 300 Denare verkaufen und das Geld den Armen geben können. Und sie machten der Frau heftige Vorwürfe.‹

Sie sind ein Jünger Jesu, der mit am Tisch sitzt, Philippus. Philippus, du bist einer von denen, die unwillig werden, als sie das sehen. Vielleicht sagst du auch: ›Wozu diese Verschwendung?‹ Was ist es eigentlich, das dich daran am meisten ärgert, dass diese Frau Jesus mit dem kostbaren Öl gesalbt hat?«

Als Philippus könnten die Teilnehmenden folgende Antworten geben:

»Wir werden ja völlig unglaubwürdig! Wir verkünden, dass man sein Geld den Armen geben soll – und jetzt bekommt Jesus solch ein Luxusprodukt über den Kopf. Wie stehen wir denn jetzt da?«

»Und ehrlich gesagt fand ich das Ganze auch ziemlich peinlich. Kommt da einfach eine Frau und salbt Jesus den Kopf – das ist doch ziemlich intim!«

»Aber er hat es genossen. Ich war fast ein bisschen neidisch.«

Wieder erzählt die Leitung weiter: »Und dann geht es so weiter (Markus 14,6–8): ›Jesus aber sagte: Hört auf! Warum lasst ihr sie nicht in Ruhe? Sie hat ein gutes Werk an mir getan. Denn die Armen *habt ihr immer bei euch, und ihr könnt ihnen Gutes tun, so oft ihr wollt; mich aber habt ihr nicht immer. Sie hat getan, was sie konnte. Sie hat im Voraus meinen Leib für das Begräbnis gesalbt.‹*

Sie sind Jesus. Jesus, du sagst diese deutlichen Worte. Was geht dir dabei durch Herz und Kopf? Gibt es etwas, das du nicht sagst, aber bei dir denkst?«

Als Jesus könnten die Teilnehmenden Folgendes darauf antworten:
»Meine Güte, die haben es immer noch nicht kapiert. Alles hat seine Zeit!«

»Es hat mir einfach gut getan. Gerade wo jetzt alles so brenzlig wird – das war eine echte Atempause. Warum verstehen meine Jünger das nicht? Ich brauche das auch mal!«

»Mir ist meine Situation dabei plötzlich ganz klar geworden. Ich werde sterben. Sie hat mich zu meinem Begräbnis gesalbt. Es ist gut, das jetzt so klar zu wissen.«

Die Leitung fährt fort: »Alle haben diese Worte gehört, auch die Frau. Sie sind noch einmal die Frau. Frau, du hörst, was Jesus sagt, und du hörst auch, wie er endet (Markus 14,9): ›Amen, ich sage euch: Überall auf der Welt, wo das Evangelium verkündet wird, wird man sich an sie erinnern und erzählen, was sie getan hat.‹ Frau, wie hörst du das, was Jesus sagt?«

Als Frau wären beispielsweise nun folgende Äußerungen möglich:
»Puh, bin ich erleichtert. Das tut gut, dass Jesus für mich Partei ergreift.«

»Seine letzten Worte sind ein bisschen viel der Ehre. So großartig war das nun auch wieder nicht.«

»Ich wusste, dass ich es tun muss – und jetzt weiß ich auch, warum.«

Die Leitung erzählt: »*Das Essen geht weiter und es kommt zu seinem Ende. Nach und nach verlassen die Gäste das Haus. Die Magd des Simon, nennen wir sie Schoschana, räumt ab. Sie hat die Szene mit der Frau mitbekommen und sich ihre eigenen Gedanken dazu gemacht. Schoschana, Magd von Simon dem Aussätzigen, magst du deine Gedanken mit uns teilen?*«

Als Schoschana könnten die Teilnehmenden sagen:
　»Die Frau hatte Mut! So mutig wäre ich auch gerne.«
　»Ich hoffe, die Männer in der Runde haben etwas begriffen! Immer soll alles richtig und sinnvoll sein – aber es muss auch Zeit für die schönen Dinge des Lebens geben.«
　»Was dieser Jesus da gesagt hat – sie hat ihn im Voraus zu seinem Begräbnis gesalbt … Dass der das so einfach sagen kann! Er scheint fest damit zu rechnen. Mir macht das Angst.«

Die Leitung kommt zum Schluss: »*Hier endet diese Szene. Die Geschichte Jesu allerdings geht weiter und wird unmittelbar nach dieser Episode wieder sehr dramatisch, denn anschließend wird berichtet, wie Judas Jesus verrät. Diese Szene ist insofern etwas Besonderes in der biblischen Erzählung der ›Passion‹ Jesu, also seines Weges auf den Tod zu, weil sie eine andere Dimension deutlich macht: Eine Frau salbt Jesus ganz überraschend und durchaus anstoßerregend mit einem kostbaren Öl und Jesus schätzt dies wert.*
　Danke, Frau, danke, Philippus und Jesus, dass ihr bei uns wart und uns etwas von dem, was nicht in der Bibel steht, aber zwischen ihren Zeilen schwingt, mitgeteilt habt. Einen Dank auch an Sie alle, die Sie – laut oder leise – die Zwischenräume gefüllt und den biblischen Gestalten ihre Gedanken und Gefühle geliehen haben. Sie sind jetzt wieder Sie selbst und als Sie selbst hören Sie noch einmal die ganze Geschichte.« *Nun wird Markus 14,3–9 noch einmal im Zusammenhang vorgelesen.*

Bibliodrama und Bibliolog beruhen beide auf einer Identifikation mit biblischen Gestalten, aber dies ist nicht Voraussetzung, um erfahrungsbezogen mit der Bibel umzugehen. Auf ganz unterschiedliche Weise kann der Zugang zur Bibel auch als Gespräch mit ihr und mit anderen Teilnehmenden über sie gestaltet werden. Dabei führt es erfahrungsgemäß weiter, wenn nicht einfach nur ein Gespräch angeregt wird, sondern mit bestimmten methodischen Ideen ein Fokus dafür vorgegeben wird. Auf diese Weise äußern die Teilnehmenden weniger das, was sie schon immer denken, sondern werden auf neue Ideen und Wege zum Text geführt. Die methodischen Vorschläge sind prinzipiell unerschöpflich, die folgenden sind erprobte und bewährte Beispiele und Anregungen.

Västeras-Gespräch (benannt nach der schwedischen Stadt, in der die Methode entwickelt wurde)

Die Teilnehmenden bekommen den biblischen Text auf einem Zettel und werden gebeten, ihn mehrfach zu lesen und ihn mit Symbolen zu versehen. Dabei steht

> ein Fragezeichen für etwas, das sie nicht verstanden haben oder das sie in Frage stellen,
> ein Ausrufezeichen für etwas, das ihnen eine wichtige Erkenntnis oder Einsicht vermittelt,
> ein Herz für etwas, das sie gefühlsmäßig anspricht oder betrifft und
> ein doppelseitiger Pfeil für etwas, das sie zum Widerspruch anregt.

Anschließend wird jedes der vier Symbole in eine Ecke des Raumes gelegt. Die Teilnehmenden stellen sich zu dem Symbol, das ihrem Zugang zum Bibeltext im Moment besonders entspricht: zum Fragezeichen, wenn er für sie vor allem Fragen aufwirft, zum Ausrufezeichen, wenn sie eine wichtige Erkenntnis gewonnen haben, zum Herz, wenn sie vorrangig emotional angesprochen wurden, und zum Doppelpfeil, wenn sie zum Widerspruch gereizt worden sind. Nacheinander erzählen alle, welches ihre Fragen, Erkenntnisse, Gefühle und Widersprüche sind, ohne dass sie dabei unterbrochen oder ihre Aussagen kommentiert werden. In einer zweiten Runde darf Bezug genommen werden auf die Fragen, Erkenntnisse, Gefühle und Widersprüche der anderen, die Teilnehmenden können ihre eigenen Äußerungen verstärken und bei den anderen noch einmal nachhaken.

Dyadengespräch

Die Teilnehmenden schreiben auf einen Zettel drei Wörter oder Halbsätze aus dem Bibeltext. Sie gehen dann – nach eigener Wahl – zu zweit zusammen und setzen sich einander gegenüber. Nun tauschen sie die Zettel, sodass A die Wörter von B vor sich hat und B von A.

B sagt dann seinem Gegenüber das Wort oder den Halbsatz, der als erstes auf dem Zettel steht. A assoziiert frei, was ihm zu seinem eigenen Wort einfällt. Dabei ist alles erlaubt, die Gedanken dürfen fließen. B unterbricht und kommentiert nicht, sondern hört wohlwollend zu. Wenn A keine Assoziationen mehr einfallen, sagt er »weiter«, dann liest B das nächste Stichwort und assoziiert erneut. Ebenso verfährt man mit dem dritten Wort. Anschließend werden die Rollen getauscht.

Die Leitung gibt jeweils nach vier bis fünf Minuten das Signal zum Wechsel. Anschließend gibt es einen zweiten und eventuell noch einen dritten Durchgang.

Nun sagen sich die beiden gegenseitig, welcher Aspekt sie in den Assoziationen ihres Gegenübers besonders berührt hat. Dabei sind sie wertschätzend und nehmen keine Bewertung vor.

Predigtdialog

Dieser Weg legt den Fokus auf das Gegenüber von Text und Lebenswelt. Nach dem lauten und leisen Lesen eines biblischen Textes teilen sich die Teilnehmenden in zwei Gruppen auf. Die eine Gruppe vertritt den biblischen Text und seine Welt, die andere die heutige Lebenswelt. Beide Gruppen finden in ihre jeweilige Perspektive hinein.

Anschließend spricht jede Gruppe zu der anderen aus ihrer Perspektive heraus über den Bibeltext. Zunächst erzählen die Teilnehmenden, die die Seite des Bibeltextes vertreten, für maximal zehn Minuten. Dabei sollte jede Person nicht mehr als drei Sätze sagen, damit auch die anderen zu Wort kommen können. Anschließend kommt die Seite der Lebenswelt nach dem gleichen Schema zu Wort.

Diese gesprächsorientierten Zugänge sind niedrigschwellig und auch einladend für Menschen, die mit kreativeren Methoden Schwierigkeiten haben, weil sie an gewohnte Kommunikationsmuster anknüpfen. Sie bieten allen die Möglichkeit, das zu äußern, was ihnen wichtig ist, und dies in der Weise zu tun, wie es ihnen entspricht. Sie nutzen die Gruppe als Ressource und eröffnen gleichzeitig den Einzelnen die Chance, ihre eigenen Spuren mit dem Bibeltext zu verfolgen.

Stärker als beim Bibliodrama und beim Bibliolog besteht jedoch die Gefahr, bei den vorgefassten Meinungen zu bleiben und diese argumentativ zu verteidigen, statt Neues zu entdecken. Vorrangig wird die kognitive Ebene angesprochen, die im Umgang mit der Bibel wichtig ist, jedoch nur einen Teil von ihr erfasst.

Zum Weiterlesen:

> *Anneliese Hecht (Hg.): Kreative Bibelarbeit. Methoden für Gruppen und Unterricht, Stuttgart 2008, v. a. 114–122*
> *Heinz Binder: Mit den Evangelisten im Gespräch. Texte für Gottesdienst und kreative Bibelarbeit, Regensburg 2007*
> *Sigrid Berg: Kreative Bibelarbeit in Gruppen, München 1998*

Bibel-Teilen

Der Zugang »Bibel-Teilen« ist in Lateinamerika entstanden und ist ein typischer partizipativer Ansatz, weil sich dabei Gruppen ohne eine Leitung durch Theologinnen und Theologen mit biblischen Texten beschäftigen. Glaube und Leben sind dabei eng miteinander verwoben. In den Herkunftsländern dieses Zugangs spielt – analog zum befreiungstheologischen Zugang – die Umsetzung des im Bibeltext Entdeckten in das individuelle, vor allem aber soziale und politische Leben eine wichtige Rolle, während dies in Deutschland und anderen westlichen Ländern oft entfällt.

»Bibel-Teilen« ist ein relativ stark strukturierter Zugang mit bestimmten aufeinander aufbauenden Schritten. Für diese gibt es unterschiedliche Varianten, von denen die »Sieben-Schritt-Methode« hier vorgestellt werden soll.

Bibel-Teilen in sieben Schritten

1. Einladen
Wir werden uns bewusst, dass Jesus in unserer Mitte ist. Wer möchte dies in einem Gebet zum Ausdruck bringen?

2. Lesen

Wir schlagen in der Heiligen Schrift das Evangelium nach Markus, Kapitel 14, auf. Wenn alle aufgeschlagen haben: Wer möchte die Verse 3 bis 9 vorlesen?

3. Verweilen

Wir suchen nun Worte oder kurze Sätze aus dem Text heraus und sprechen sie mehrmals laut und betrachtend aus. Dazwischen legen wir kurze Besinnungspausen ein. Danach: Wer möchte den Text noch einmal im Zusammenhang vorlesen?

4. Schweigen

Nun werden wir für einige Minuten ganz still und lassen in der Stille Gott zu uns sprechen.

5. Austauschen

Wir tauschen uns darüber aus, was uns im Herzen berührt hat. Welches Wort hat uns persönlich angesprochen? Danach gegebenenfalls: Ist uns in diesem Text ein Wort begegnet, das uns in den kommenden Wochen als Wort des Lebens begleiten könnte?

6. Handeln

Wir sprechen jetzt über eine Aufgabe, die sich unsere Gruppe als nächstes stellt. Wie weit sind wir mit früheren Aufgaben? Welche neue Aufgabe stellt sich uns? Wer soll was wann tun? Und gegebenenfalls: Welche Erfahrungen haben wir in den vergangenen Wochen mit unserem Wort des Lebens gemacht?

7. Beten

Wir beten miteinander. Alle sind eingeladen, ein freies Gebet zu sprechen. Danach: Wir schließen mit einem Gebet oder Lied, das alle auswendig können.

Die Stärken dieses Zugangs liegen in der sehr konkreten Verbindung zwischen Text und Leben. Der meditative Zugang, der ins Gebet führt, eröffnet die Möglichkeit, das Entdeckte nicht nur rational, sondern auf unterschiedlichen Ebenen zur Sprache zu bringen. Die Gemeinschaft der Bibellesenden wird betont. Vor allem aber bleibt es nicht beim Lesen, sondern der aktuelle Bezug zu unserem Leben heute in seiner sozialen und politischen Dimension wird unmittelbar deutlich.

Schwierig bei diesem Zugang ist, dass anders als im Bibliodrama und Bibliolog die exegetische Dimension kaum berücksichtigt wird. Die Teilnehmenden sind stark auf sich selbst und ihre lebensgeschichtlichen Erfahrungen verwiesen. Damit betont dieser Zugang das Moment der Nähe zu den biblischen Texten einseitiger. Insofern besteht die Gefahr, dass der Text in seinen Besonderheiten und gerade seinem Sperrigen nicht mehr gesehen wird und die Gruppe ihre »Lieblingsgedanken« in ihn hineinträgt, ohne dazu ein kritisches Korrektiv zu haben. Der schematisierte Ablauf kann auch dazu führen, dass Gruppen prinzipiell Ähnliches in allen Texten entdecken und das Besondere des jeweiligen Textes gerade nicht deutlich wird. Der Zugang setzt zudem eine Fundierung im christlichen Glauben voraus und eignet sich weniger als erster Zugang zur Bibellektüre. In dieser Form benötigt er unbedingt eine Gruppe. Die eigene Bibellektüre kann er bereichern, wenn er dazu inspiriert, einen Text nicht einfach zu lesen, sondern ihn in mehreren Schritten und im Kontakt mit Gott wahrzunehmen.

Zum Weiterlesen:

> *Missio: Bibel-Teilen. Bekannte Texte neu erleben, Broschüre, erhältlich unter: http://www.missio.de/de/shop/arbeitshilfen-1/arbeitshilfen-gemeinde/4183-bibel-teilen.html*

> *http://glaubenskurs.jimdo.com/bibel-teilen/*

Lectio Divina

»*Lectio divina*« bedeutet wörtlich »göttliche Lesung«. Folge ich diesem Zugang, nehme ich mir einen bestimmten Abschnitt der Bibel vor, oft das für diesen Sonntag im Kirchenjahr vorgesehene Evangelium, und lasse mich in vier bzw. fünf Schritten auf ihn ein. Diese Schritte werden *lectio, meditatio, oratio, contemplatio* sowie (eventuell) *memoratio* genannt.

Zunächst die *lectio*: Ich lese den Text in aller Ruhe sehr gründlich. Dabei liegt mein Interesse nicht darauf, ihn als fremden Text wahrzunehmen, sondern ich lese, um mich selbst wahrzunehmen und darin Gott zu begegnen. Ich verstehe den Text als Spiegel meiner selbst, der meine Person so zeigt, wie Gott mich gemeint hat.

Der nächste Schritt ist die *meditatio:* Darin verweile ich bei dem gelesenen Text, wiederhole ihn für mich selbst, spüre ihm nach und lasse ihn mir sozusagen »auf der Zunge zergehen«. Durch dieses Verweilen und die Verlangsamung können sich mir tiefere Schichten des Textes erschließen und ich kann so tiefere Einsichten über mich selbst im Spiegel des Textes gewinnen.

Die *oratio* ist dann das Gebet, das sich aus der vertieften Betrachtung des Textes ergibt. Ich bitte möglicherweise Gott, mir den Weg zu zeigen, der sich im Text andeutet, oder ich bitte ihn darum, mich auf diesem Weg zu begleiten.

Die *contemplatio* schließlich führt mich in Stille vor Gott. In dieser Stille will ich nicht etwas Bestimmtes, sondern ich bin einfach da mit dem, wie ich bin, vor Gott und im Licht des biblischen Textes. Es kann sich dabei ein Einverständnis mit dem, wie ich bin und was im Moment ist, entwickeln, aber auch das lässt sich nicht herstellen, sondern ist immer ein Geschenk, wenn es geschieht.

Manchmal kommt bei der *lectio divina* noch die *memoratio* hinzu, das Einprägen dieser Textstelle. Dabei geht es weniger um ein Auswendiglernen des Textes, sondern um eine Verinnerlichung, was dazu führt, dass er zu »meinem Text« wird. Dafür ist es sinnvoll, sich ihn in kleinen Einheiten laut vorzusprechen und auf den Klang zu hören.

Eine große Stärke der *lectio divina* liegt darin, dass sie jederzeit und auch vom Einzelnen allein praktiziert werden kann. Wenn ich einen entsprechenden Zugang zum biblischen Text bekomme, führt er tief in den Text hinein und zugleich tief in die eigene Person und den eigenen Glauben. Die Bibel wird in diesem Zugang zu einer Begleiterin im Alltag und einer Helferin für die eigene Spiritualität.

Auch dieser Zugang erschließt selbstverständlich nur einen bestimmten Aspekt der Bibel. Er blendet die historische Dimension des Buches und seine Fremdheit gerade aus und nimmt die Bibel bewusst als Spiegel des eigenen Ichs wahr. Dabei gibt es für das jeweils eigene Verständnis des Textes kein Korrektiv durch und keinen Austausch in einer Gruppe. Bleibt mir ein Text verschlossen, so stehen mir zudem keine methodischen Hilfen zur Verfügung, um noch einmal einen anderen Weg zum Text zu finden. Ich bin darauf angewiesen, dass sich mir der Text im Kontakt mit ihm und mit Gott erschließt – das aber bleibt immer unverfügbar, immer nur ein Geschenk, das ich nicht willentlich »machen« kann.

6 Wie beginnen?
Praktische Tipps zum Umgang mit der Bibel

Vielleicht haben die letzten Kapitel Sie ein wenig neugierig gemacht auf die Bibel. Vielleicht haben Sie auch bereits Ideen, wie Sie sich ihr am besten nähern können. Einige Anregungen möchte ich Ihnen dazu aber noch geben.

Welche Bibel benutze ich?

Wenn Sie eine Bibel besitzen, liegt es natürlich nahe, sie auch zu benutzen. Ich rate jedoch dazu, dies nicht automatisch zu tun, sondern sich bewusst dafür zu entscheiden, ob Sie das möchten oder sich vielleicht noch eine andere Bibel kaufen. Zum einen ist die Frage, in welcher Übersetzung man die Bibel liest, ganz und gar nicht unwichtig (vergleiche Kapitel 3, Seite 68–72). Es wäre schade, wenn Sie keinen Zugang zur Bibel gewinnen würden, weil die Sprache Sie vielleicht stört, Ihnen unverständlich ist oder weil die Worte ganz anders klingen als im Gottesdienst. Entscheiden Sie sich dann lieber für die Übersetzung, die Ihnen das Lesen der Bibel erleichtert.

Vielleicht stammt die Bibel in Ihrem Regal aber auch aus einer bestimmten Lebensphase und Sie verbinden etwas mit ihr oder sie ist sogar ein Erbstück. Dann sollten Sie prüfen, ob dies gute Erinnerungen sind, an die Sie gerne anknüpfen, so zum Beispiel, wenn Sie die Bibel an Ihre liebevolle Großmutter erinnert, die Ihnen schöne Geschichten aus der Bibel erzählt hat. Hängen eher negative Erinnerungen daran oder verbinden Sie sie mit einer Lebensphase, die Ihnen heute fern ist, könnte dieses Exemplar der Bibel es Ihnen erschweren, ihr neu zu begegnen. Es spricht nichts dagegen, mehrere Bibeln zu besitzen, und sie sind auch nicht besonders teuer – suchen Sie sich eine aus, die Ihnen den Weg bahnt und nicht blockiert. Wenn Sie sich eine neue Bibel kaufen, fragen Sie in der Buchhandlung danach, welche Ausgaben es gibt, und suchen Sie sich die aus, die in der Aufmachung, der Größe und der Schriftgröße zu Ihnen passt. Diese »atmosphärische« Dimension ist nicht zu unterschätzen, wenn man sich der Bibel nähert. Sie trägt dazu bei, sie gerne aufzuschlagen und sich an ihr freuen zu können.

Wo beginne ich am besten zu lesen?

Selbstverständlich können Sie die Bibel auf der ersten Seite aufschlagen und von vorne nach hinten durchlesen. Irgendwann ist dies vielleicht auch für einen Gesamtüberblick ganz interessant, aber wenn Sie diesen Ehrgeiz nicht haben, empfehle ich Ihnen, lieber mit Erzählzusammenhängen zu beginnen, die sich einem rasch erschließen und in denen sich der Bezug zu unseren Themen und Fragen heute besonders deutlich zeigt. Solche Texte sind zum Beispiel:

> Die Geschichte von Jakob (Genesis 25,21–49,33)
> Die Geschichte von Josef (Genesis 37–50)
> Die Befreiung des Volkes Israel aus Ägypten und seine Zeit in der Wüste (Exodus)
> Das Buch Ruth
> Das Markusevangelium
> Das Lukasevangelium

»Ich bin überzeugt, dass die Bibel immer schöner wird, je mehr man sie versteht.« (*Johann Wolfgang von Goethe*)

Möchten Sie lieber einzelnen eindrücklichen Sätzen und Bildern begegnen als einer längeren Geschichte, nehmen Sie sich die Psalmen vor. Oder Sie lesen in den Sprüchen, die manchmal sehr alltagsnah, manchmal voller Weisheit sind.

Wann und wo beschäftige ich mich am besten mit der Bibel?

Selbstverständlich können Sie die Bibel zu jeder Zeit und an jedem Ort lesen: abends vor dem Einschlafen, im Urlaub, in einer freien Stunde auf dem Sofa oder wo auch immer. Wenn Sie dies regelmäßig tun möchten, kann es hilfreich sein, sich dafür einen bestimmten Ort zu suchen und diesen mit einem kleinen Ritual zu verbinden, mit dem Anzünden einer Kerze beispielsweise, mit Ihrem Lieblingstee oder was immer Ihnen liegt. Dieses Moment kann dabei helfen, ein wenig Abstand vom »normalen Alltag« zu gewinnen und innerlich »umzuschalten« auf das Buch.

Es ist hilfreich, die Bibel mit einer gewissen Regelmäßigkeit zu lesen, denn dann wird Ihnen der Sprachduktus vertrauter, Sie hören sich sozusagen ein. Es ist aber ebenso möglich und legitim, ganz sporadisch in der Bibel zu lesen. Vielleicht ist ja gerade der Urlaub, in dem einmal Zeit ist für wesentliche Fragen im Leben, eine gute Zeit dafür?

»Wenn Du am Abend schlafen gehst, so nimm noch etwas aus der Heiligen Schrift mit dir zu Bett, um es im Herzen zu erwägen und es – gleich wie ein Tier – wiederzukäuen und damit sanft einzuschlafen. Es soll aber nicht viel sein, eher ganz wenig, aber gut durchdacht und verstanden. Und wenn du am Morgen aufstehst, sollst du es als den Ertrag des gestrigen Tages vorfinden.« (Martin Luther)

Folgende Bücher (alle erscheinen jährlich) **bieten an jedem Tag des Jahres** *einen* **Abschnitt aus der Bibel**, *oft noch mit einer kurzen Deutung oder einem Impuls oder Gebet:*

> *Ulrich Fischer, Maria Jepsen, Walter Klaiber (Hg.): Mit der Bibel durch das Jahr, Stuttgart 2009*
> *Gerhard Engelsberger: Bibelworte fortgeschrieben, Stuttgart 2009*
> *Reinhold Frey: Mittendrin. Bibellese-Buch, Stuttgart 2009*
> *Klaus J. Diehl, Christoph Morgner, Hermann Traub: Bibel für heute, Gießen 2009*

Wie gehe ich mit der Bibel um?

Die Texte der Bibel haben es in sich. Sie erschließen sich am besten, wenn man ihnen Zeit dazu lässt. Es lohnt sich daher, sie nicht einfach herunterzulesen wie die Zeitung oder einen Roman, sondern sie intensiver wahrzunehmen. Dafür ist es gut, einen Satz oder Textabschnitt mehrfach zu lesen. Liest man ihn auch einmal laut, kommt der Höreindruck hinzu und der Text wirkt in der Regel noch einmal anders.

Da ich viel mit dem Bibliolog arbeite, lese ich Texte mittlerweile automatisch »bibliologisch« (zum Bibliolog vergleiche Kapitel 5, Seite 109–116). Das bedeutet, dass ich mir die Szenen des Textes ganz bildlich vorstelle. Ich sehe dann die Bilder vor meinem inneren Auge. Dabei füllen sich automatisch die »Leerstellen« des Textes. Ich ergänze also, was der Text nicht sagt. Ich stelle mir vor, wie eine Person geht, sitzt oder spricht. Ich begebe mich dann in die Perspektive der einzelnen Gestalten, die in dem Text vorkommen: Wie erlebt die Hauptperson das Geschehen, zum Beispiel die Person, die von Jesus geheilt wird? Welche Nebenfiguren gibt es und wie mögen diese die gleiche Handlung erleben, zum Beispiel die Jüngerinnen und Jünger oder eine Angehörige des Geheilten? Wie sieht eine Beobachterin das Ganze, zum Beispiel eine Frau aus dem Volk?

Ich nehme die Fragen wahr, die der Text aufwirft, aber nicht beantwortet. Was bewegt die Person dazu, dieses oder jenes zu tun? Was fühlt jemand, wenn er einen bestimmten Satz sagt? Was beschäftigt die Gestalt, von der jetzt nicht die Rede ist? Das funktioniert übrigens auch (vielleicht mit etwas Übung) mit »nichtmenschlichen« Rollen. Wenn es zum Beispiel heißt: »Bereitet dem Herrn den Weg« (Jesaja 40,3) – wie ist das dann für den Weg, für den Herrn bereitet zu werden? Zugleich schimmern Texte ganz neu, die uns sehr vertraut scheinen (Psalm 23).

Bei dieser »bibliologischen« Herangehensweise werden die biblischen Texte sehr lebendig. Sie nehmen mich dann mitten hinein in ihr Geschehen und ich entdecke sie quasi von innen heraus. Dabei nehme ich oft Aspekte wahr, die sich mir beim bloßen Lesen überhaupt nicht erschlossen hätten.

Das braucht natürlich etwas Zeit – aber es ist gut investierte Zeit. Es reicht manchmal völlig, sich mit einem Satz zu beschäftigen. Wenn Ihnen an dem einen Satz oder an einem kurzen Abschnitt etwas aufgeht, ist das sicherlich wertvoller als einen langen Text einmal gelesen zu haben und dabei wenig mitzunehmen.

*»Rabbi Jizchak Meir von Ger fragte einmal einen jungen Mann, ob
er die Schrift studiert habe. ›Ein kleines Stückchen davon‹, war die
Antwort. ›Weiter ist nie jemand in der Schrift gekommen‹, meinte
der Rabbi darauf.«* (Chassidische Geschichte)

Wie gehe ich mit meinen Fragen an den Text um?

Die Bibel wirft Fragen auf – und sie bringt Fragen an die Ober-
fläche, die im Alltag sonst wenig Raum haben. Sie lädt dazu
ein, Fragen zu stellen: solche, die ich an den biblischen Text
habe, die ich von ihm beantwortet haben möchte, mit denen
ich ihn konfrontieren möchte, und andere, die ich schon lange
habe. Ich kann den Text auch in dieser Hinsicht als ein Gegenüber betrachten,. Manchmal komme ich dann selbst auf eine
Antwort. Oft genug aber brauche ich Hintergrundwissen dazu.
Dann lohnt es sich, eine entsprechende literarische Hilfestellung zur Hand zu haben und einfach nachzuschlagen (vergleiche die Literaturhinweise in Kapitel 3, Seite 81, 87, 92).

Sind meine Fragen eher existenzieller Art, kann ich ebenfalls manchmal Antworten im Text oder beim Nachsinnen über
ihn finden. Diese lassen sich allerdings nicht durch bestimmte
Techniken »herstellen«, sie können sich nur ergeben. In jedem
Fall aber lohnt es sich, als denkender und fragender Mensch an
die Bibel heranzugehen und sie bewusst mit den eigenen Fragen zu konfrontieren. Sie hält das nicht nur aus, sondern lädt
geradezu zur Auseinandersetzung ein.

*»Wer in der Bibel zu lesen beginnt, der stellt die üblichen Fragen,
ungeduldige, unverständige, hochmütige Fragen. Alle diese Fragen
bleiben ohne Antwort. Wer trotzdem weiterliest, dem beginnt die
Bibel ihre Fragen zu stellen. Wer ihnen nicht ausweicht, findet das
Tor zum Leben.«* (Horst Bannach)

Was mache ich, wenn ich den Text nicht verstehe oder ihn unmöglich finde?

Es gibt Passagen in der Bibel, die sich nur schwer erschließen, und es gibt durchaus Texte, mit denen viele Menschen nicht einverstanden sind. Die Bibel ist nicht unbedingt eine »leichte Kost« – aber das macht sie auch so reizvoll. Sie lädt geradezu ein, sich mit ihr auseinanderzusetzen, auch kritisch, Stellung zu beziehen, zurückzufragen, sich mit ihr manchmal auch zu streiten.

Geht es mir mit einem Text so, dann bleibe ich erst einmal dran. Ich versetze mich, wie gesagt, in unterschiedliche Rollen hinein und verstehe den Text aus deren Perspektive. Vielleicht ist von Gott als zornigem Gott die Rede, der seine Feinde vernichtet. Dann entdecke ich in einem Wechsel der Sichtweise, dass sich dieser Zorn aus der Perspektive derjenigen, die bisher unter dem Unrecht heftig gelitten haben, als Wunsch nach einer höheren Gerechtigkeit darstellt, die endlich einmal auf ihrer Seite ist. Wenn ich einen Satz in den neutestamentlichen Briefen merkwürdig finde, dann kann es helfen, sich zu überlegen, was das Anliegen des Briefschreibers mit diesem Satz gewesen sein könnte. Meist ging es ihm um etwas und nicht selten hatte er eine Leidenschaft für oder gegen etwas – wenn ich davon eine Idee bekomme, erschließt sich mir der Text ganz anders. Auch hier hilft die Perspektive des »Zutrauens« zum Bibeltext (vergleiche Kapitel 2, Seite 39–40): Wenn er sich mir nicht erschließt, erschließt er sich zunächst einmal *mir* nicht oder zumindest noch nicht, und es lohnt sich, ihm noch ein

> »Ich hab nun 28 Jahr', seit ich Doktor geworden bin, stetig in der Biblia gelesen und daraus geprediget, doch bin ich ihrer nicht mächtig und find' noch alle Tage etwas Neues drinnen.« (Martin Luther)

paar Chancen mehr zu geben. Manchmal entdecke ich gerade in solch »sperrigen« Texten besonders erhellende Dinge.

Gelingt dies auch nach einiger Zeit nicht – was durchaus passieren kann –, lasse ich es einfach. Bei einem Buch mit so vielen unterschiedlichen Texten aus so vielen Situationen und zu so vielen Themen ist es im Grunde unwahrscheinlich, dass ich zu allen einen Zugang finde. Bevor ich mich irgendwo so »festbeiße«, dass ich die Lust an der Bibel verliere, lese ich lieber an einer anderen Stelle weiter und lasse diesen Text ruhen. Vielleicht gewinne ich später einen Zugang zu ihm oder auch nicht. Es gibt so viele andere schöne Texte.

Wie finde ich andere Menschen, mit denen ich die Bibel entdecken und erleben kann?

Es lohnt sich, die Bibel nicht nur für sich alleine zu lesen, sondern sich mit anderen über sie auszutauschen. Es ist oft schon hilfreich, mit jemandem darüber zu sprechen, was man gelesen und verstanden oder nicht verstanden hat. Lange war das für viele gar nicht einfach, weil es als »fromm« im negativen Sinn des Wortes galt, in der Bibel zu lesen. Bei manchen Menschen galt man dann sogar gleich als Sektenmitglied. In der Situation heute, in der viele Menschen eine große Distanz zu Kirche und Religion haben, nehmen diese Vorurteile eher ab, sodass man wieder unbefangener auf die Bibel zugeht. Vielen fehlt eher der Anstoß als die Bereitschaft, sich mit diesem Schatz der christlichen Tradition zu beschäftigen, sie sind aber durchaus interessiert, darüber zu sprechen. Manchmal ergibt sich auch nach dem Gottesdienst eine Gelegenheit, mit Menschen ins Gespräch zu kommen, und da liegt ein Gespräch über den Predigttext oder einen anderen biblischen Text natürlich nahe.

Solche Gesprächsbereitschaft finden Sie natürlich auf jeden Fall in einem Bibelkreis oder Gesprächskreis einer Kirchengemeinde. Hier lohnt es sich, ein wenig Zeit und Mühe zu investieren, um einen solchen zu finden, der Ihnen und Ihrem Bedürfnis, mit der Bibel umzugehen, entspricht. Bibelkreise sind sehr unterschiedlich orientiert: Manche bringen Menschen zusammen, die sehr vertraut mit der Bibel sind und bestimmte Fragen nicht mehr unbedingt stellen. Andere sind offen für Menschen, die unterschiedlich vertraut sind mit der Bibel, und ermutigen dazu, jede Frage zu stellen. Auch die methodische Umgangsweise mit der Bibel ist unterschiedlich. Sie sollten darauf achten, ob eher Erkenntnisse über den Text gewonnen oder Erfahrungen mit ihm gemacht werden und ob eher über den Text nachgedacht und gesprochen wird oder kreative Umgangsweisen mit ihm praktiziert werden. Wenn Sie das herausgefunden und Ihre eigenen Vorlieben und Anliegen bedacht haben, sollten Sie sich für einen Kreis entscheiden, der zu Ihnen passt.

Besonders gut beginnen lässt sich in Glaubenskursen oder zeitlich begrenzten Projekten, die es mittlerweile an vielen Orten sowohl in der katholischen als auch in der evangelischen Kirche gibt. Sie sind besonders für Menschen konzipiert, die neugierig auf die Bibel und den christlichen Glauben sind, sich aber noch keine endgültige Meinung gebildet haben und sich auch nicht gleich auf eine verbindliche langfristige Teilnahme festlegen wollen. Manchmal gibt es solche Kurse oder Projekte in Kirchengemeinden, oft aber auch in anderen kirchlichen Einrichtungen, zum Beispiel in den Evangelischen oder Katholischen Akademien, einem Tagungshaus, einem Frauenwerk etc.

Glaubenskurse *und andere Angebote, bei denen Bibel und Bibellektüre im Vordergrund stehen:*

> *www.bibelundglaube.de: Bibelseminar:* »*Gottes Spuren entdecken!*« *Ein Kurs durch die Bibel*

> *www.gemeindedienst.de: Kursangebot: Lebensspur: Mit der Bibel durch das Leben*

> *www.gemeindekolleg.de/projekte/wortundantwort/index.html: Kursangebot* »*Wort und Antwort*«*: 3 × 10 Begegnungen mit der Bibel – mit anderen – und mit mir selbst*

> *Hannoversche Bibelgesellschaft e. V.: Schnupperkurs Bibel*

> *www.die-bibel.de/aktuell/bibellesen-heute: Hier kann man sich als Hilfe für eine tägliche Bibellese einen Plan herunterladen, der bei der Textauswahl hilft.*

Die Zugänge Bibliodrama und Bibliolog haben jeweils ein ausgedehntes Netzwerk im deutschsprachigen Raum. Hier kann man sich im Internet rasch informieren, wo es in regionaler Nähe eine Möglichkeit gibt, Bibliodrama oder Bibliolog zu erleben.

Insgesamt kann ich nur empfehlen, sich eine Gruppe zu suchen, in der man sich mit sympathischen Menschen auf eine Weise mit der Bibel beschäftigen kann, die einem liegt. Manche spannenden Zugänge sind gar nicht möglich ohne eine Gruppe und ohne die entsprechende Anleitung dazu. Gerade diese bieten einem nicht selten besonders erhellende Zugänge zur Bibel, weil sie eben nicht dabei bleiben, was man selbst auch entdeckt hätte, sondern darüber hinausgehen und einem etwas erschließen, was man selbst nicht mitbringt. Zudem erlebt man in einer Gruppe besonders deutlich, wie reich und lebendig die biblischen Texte sind – viel reicher und spannender, als man selbst fähig ist, dies zu entdecken.

Bibliodrama-Angebote *finden sich beispielsweise unter www.bibliodrama-gesellschaft.de, www.josefstal.de (Südbayern) oder www.meister-eckehart-haus.de.*

Alle Bibliolog-Angebote finden Sie unter www.bibliolog.de.

Klickt man dann auf »Bibliolog erleben: Orte und Personen«, bekommt man eine nach Postleitzahlen geordnete Liste von Personen, die Bibliolog praktizieren.

Möchte man selbst lernen, Bibliolog anzuleiten, findet man auf dieser Webseite auch die entsprechenden Kurse.

7. Mit der Bibel leben:
   Die Kraft der Texte erfahren

Es lohnt sich also, sich der Bibel mit dem Zutrauen zu nähern, dass in ihren Texten Wertvolles und Wichtiges für mein Leben zu finden ist. Die Texte der Bibel enthalten grundlegende Einsichten über den Menschen, Gott und die Welt, die über die Zeiten und Kulturen hinweg eine Kraft für uns heute besitzen. Sie thematisieren die »großen Fragen« des Lebens: Woher ich komme und wohin ich nach diesem Leben gehe, wie der Sinn des Lebens zu begreifen ist, woran ich mich im Leben und im Umgang mit anderen Menschen orientieren kann und was der Grund der Welt und meines Lebens ist. Diese Fragen werden nicht abstrakt gestellt und noch weniger abstrakt beantwortet, sondern sie sind in immer neuen Versionen in den Geschichten und Texten der Bibel enthalten. Die Beschäftigung mit ihnen bringt mich näher zu meinen eigenen Fragen, meinen Erfahrungen und meinen bisherigen Antwortversuchen. Sie lässt mich manches klarer sehen und besser verstehen.

Möglicherweise entdecke ich, dass meine Fragen, meine Themen und meine Überzeugungen nicht nur meine ganz persönlichen sind, sondern dass sie in einem größeren Horizont stehen und ich nicht allein mit ihnen bin. Manchmal stellen sich aber auch Fragen neu oder bisherige Selbstverständlichkeiten werden infrage gestellt und ich werde zu neuen Suchprozessen angeregt. Die Bibel kann durchaus auch konfrontieren und hinterfragen, mich dazu anregen, das zu überdenken, was ich bisher gedacht oder geglaubt habe, mich verunsichern und mich neue Wege beschreiten lassen.

Die Texte der Bibel bringen mich aber nicht nur in Kontakt mit meinen Fragen, an manchen Stellen bieten sie auch Antworten an. Die Bibel ist sicher kein »Antwortautomat« in dem Sinn, dass ich auf jede konkrete Frage meines Lebens eine gültige Antwort in ihr finde, der ich dann nur zu folgen brauche – diese Erwartung entspricht weder ihrem Charakter noch wird sie dem historischen Abstand zu uns heute gerecht. Die Bibel erspart mir nicht die eigene Auseinandersetzung und den eigenen Entdeckungsprozess, was beispielsweise das biblische Zinsverbot (Exodus 22,24, Levitikus 25,36–37 und Deuteronomium 23,20–21) für uns heute bedeuten kann: Weder können wir unzweifelhaft daraus folgern, dass das heutige Bankenwesen per se sündhaft ist, noch können wir behaupten, dass das Zinsverbot für Christinnen und Christen bedeutungslos ist.

In manchen Lebenssituationen erweist sich die Kraft der biblischen Texte vor allem darin, dass sie Sprachhilfe leisten, wenn uns die eigenen Worte fehlen oder aber wenn unsere Fantasie und Sprachkraft nicht reicht, um tiefe Erfahrungen auszudrücken. Dies gilt besonders für die Psalmen: »Ich bin wie eine Dohle in der Wüste, wie eine Eule in öden Ruinen. Ich liege wach und ich klage wie ein einsamer Vogel auf dem Dach« (Psalm 102,7 f.) oder »Ob ich gehe oder ruhe, es ist dir bekannt; du bist vertraut mit all meinen Wegen. Noch liegt mir das Wort nicht auf der Zunge – du, Herr, kennst es bereits. Du umschließt mich von allen Seiten und legst deine Hand auf mich. Zu wunderbar ist für mich dieses Wissen, zu hoch, ich kann es nicht begreifen« (Psalm 139, 3–6) sind nur zwei Beispiele von vielen dafür. Es ist oftmals faszinierend, wie stark diese Texte aus einer vergangenen Zeit und Kultur wirken. Sie werden offensichtlich nicht »verbraucht«, sondern bleiben lebendig und sprechen Menschen immer wieder neu an.

Die Themen und Fragen, die wir in der Bibel finden, sind manchmal ganz menschliche wie das Zusammenleben, Neid und Streit, Versöhnung und Neubeginn, gelingende oder misslingende Strategien im Umgang miteinander, Scheitern und Erfolg, Liebe und Hass, Planung des Lebens und die Nötigung, sich neu zu orientieren etc. Diese Themen werden aber durchweg in den Horizont einer größeren, göttlichen Wirklichkeit gestellt. Sie werden als Baustein eines großen Ganzen deutlich, dessen Sinn vielleicht nicht immer und jederzeit erkennbar ist, das mich aber halten und tragen kann.

Ein solches Bewusstsein entlastet davon, das Leben aus eigener Kraft bewältigen und »machen« zu müssen. Es lässt spüren, dass wir in unserem Leben getragen und gewollt sind. In den »ganz normalen« menschlichen Erfahrungen zeigt sich in der Bibel immer etwas von der göttlichen Dimension. Dadurch werden wir angeregt, auch in unserem Leben etwas von dieser Dimension zu sehen und ein Lebensgefühl zu entwickeln, das wir nicht alles allein schaffen müssen. Sie hilft uns, Vertrauen dazu zu haben, dass alles einen übergreifenden Sinn hat.

Insofern machen Menschen auch immer wieder die Erfahrung, dass sich ihnen Gott selbst bei der Beschäftigung mit der Bibel neu erschließt: Sie kommen mit Gott in Kontakt und spüren seine Gegenwart. Dies kann in ganz unterschiedlicher Weise fühlbar werden: als Bewusstsein, geliebt zu sein, in der Erfahrung von Achtsamkeit und Zärtlichkeit, als Gefühl einer Verbindung mit allem Lebendigen, als überwältigende Erfahrung des Heiligen oder auch als leises Ahnen davon, dass man in diesem Moment – und überhaupt im Leben – nicht allein ist.

Insofern kann die Kraft der biblischen Texte auf ganz unterschiedliche Weise erlebt und entdeckt werden – bei jedem Menschen unterschiedlich und auch in verschiedenen Lebensphasen und Situationen immer wieder anders. Der Umgang mit der Bibel ist immer wieder spannend und neu, gerade weil nicht absehbar ist, was man dabei entdeckt und erfährt und auf welche Weise dies geschieht.

Literatur und Links, um tiefer in die Bibel einzutauchen

Bibelausgaben

Einheitsübersetzung des Alten und Neuen Testaments, Katholisches Bibelwerk, Stuttgart 2009

Bibel nach der Übersetzung Martin Luthers, Deutsche Bibelgesellschaft, Stuttgart 2005

Zürcher Bibel, TVZ Theologischer Verlag, Zürich 2009

Herder-Bibel: Die Bibel: Die Heilige Schrift des Alten und Neuen Bundes. Vollständige deutsche Ausgabe, Verlag Herder, Freiburg im Breisgau 2009

Gute Nachricht Bibel, mit den Spätschriften des Alten Testaments, Deutsche Bibelgesellschaft, Stuttgart 2009

Ulrike Bail/Frank Crüsemann/Marlene Crüsemann/Erhard Domay/Jürgen Ebach/Claudia Janssen/Helga Kuhlmann/Martin Leutzsch/Luise Schottroff (Hgs.): Die Bibel in gerechter Sprache, Gütersloher Verlagshaus, Gütersloh 2006

Die Schrift: Verdeutscht von Martin Buber und Franz Rosenzweig (mit Bildern von Marc Chagall), Gütersloher Verlagshaus, Gütersloh 2007

Das Neue Testament, übersetzt von Fridolin Stier. Aus dem Nachlass herausgegeben von Eleonore Beck, Gabriele Miller und Eugen Sitarz, Kösel Verlag, München, und Patmos Verlag, Düsseldorf 1989

Erich Zenger, Helmut Merklein (Hg.): Stuttgarter Altes Testament/Stuttgarter Neues Testament. Einheitsübersetzung mit Kommentar, Lexikon und Erklärungen: 2 Bände, Katholisches Bibelwerk, Stuttgart 2005

Zum Weiterlesen

Für den Anfang und zum besseren Verständnis der Bibel

Peter Calvocoressi, Angela Hausner: Who's Who in der Bibel, München 1998

Stan Campbell: Espresso-Bibel. In 60 Minuten durch das Alte und Neue Testament, Freiburg im Breisgau 2007

Christoph Dohmen, Thomas Hieke: Das Buch der Bücher. Die Bibel – eine Einführung, Wiesbaden 2007

Anselm Grün: Die Bibel verstehen – Hinführung zum Buch der Bücher, Freiburg im Breisgau 2010

Bernhard Lang: Die Bibel. Eine kritische Einführung, 2. Aufl., Paderborn 1994

Kevin O'Donnell: Pocket Guide Bibel, Stuttgart 2007

Annemarie Ohler: dtv-Atlas Bibel, München 2004

Andrea Schwarz: Die Bibel verstehen in 25 Schritten. Ein Durchblick-Buch für Neugierige, Freiburg im Breisgau 2005

Thomas Staubli: Begleiter durch das Erste Testament, Düsseldorf 1999

Martin Urban: Die Bibel – Eine Biographie, Berlin 2009

Ulrich Zurkuhlen: Was in der Bibel steht. Ein Leitfaden durch das Buch der Bücher, Freiburg im Breisgau 2008

Zum historischen Kontext der Bibel

Hubert Frankemölle (Hg.): Lebendige Welt Jesu und des Neuen Testaments. Eine Entdeckungsreise, Freiburg im Breisgau 2000

Franz Kogler, Renate Egger-Wenzel, Michael Ernst (Hg.): Herders Neues Bibellexikon, Freiburg im Breisgau 2008 (mit CD-Rom)

James B. Pritchard, Othmar Keel, Max Küchler: Herders großer
Bibelatlas, Erftstadt 2007

Erich Zenger (Hg.): Lebendige Welt der Bibel. Entdeckungsreise in
das Alte Testament, Freiburg im Breisgau 1997

Zur kritischen Auseinandersetzung mit der Bibel

Gerlinde Baumann: Die Bibel – Wissen, was stimmt, Freiburg im
Breisgau 2008

Klaus Berger: Sind die Berichte des Neuen Testaments wahr? Ein
Weg zum Verstehen der Bibel, Gütersloh 2002

Uwe-Carsten Plisch: Was nicht in der Bibel steht. Apokryphe Schriften des frühen Christentums, Stuttgart 2006

Berühmte Themen und Figuren

Ylva Eggehorn: Ich hörte Saras Lachen. Frauen in der Bibel.
15 Portraits, Freiburg im Breisgau, 2. Auflage 2009

Ylva Eggehorn: Wo die Löwen wohnen. Männer in der Bibel.
14 Portraits, Freiburg im Breisgau 2009

Herbert Haag, Joe H. Kirchberger, Dorothee Sölle (Hg.): Große
Frauen der Bibel in Bild und Text, Freiburg im Breisgau 2001

Margot Käßmann: Mütter der Bibel. 20 Porträts für unsere Zeit,
Freiburg im Breisgau, 3. Auflage 2009

Ruth Lapide, Walter Flemmer: Kennen Sie Adam, den Schwächling?
Ungewöhnliche Einblicke in die Bibel, Stuttgart 2003

Ruth Lapide, Walter Flemmer: Kennen Sie Jakob, den Starkoch?
Noch mehr ungewöhnliche Einblicke in die Bibel, Stuttgart 2003

Hildegunde Wöller: Die besten Liebesgeschichten der Bibel, Stuttgart 2007

Die Bibel spirituell lesen

Richard Rohr: Ins Herz geschrieben. Die Weisheit der Bibel als spiritueller Weg, Freiburg im Breisgau 2009

Communauté de Taizé: Auf deine Liebe vertraue ich. Bibeleinführungen, Freiburg im Breisgau 2008

Jakobsbibel, Freiburg im Breisgau 2008

Werner Tiki Küstenmacher: Die 3-Minuten Bibel, München 2006

Stefan Kiechle: Größer als unser Herz. Biblische Meditationen – Exerzitien im Alltag, Freiburg im Breisgau 2005

Horst K. Berg: Der Himmel geht über allen auf. Biblische Reden und Meditationen, Stuttgart 2005

Reihe »Bibel leben«, herausgegeben von Andrea Schwarz:

Franz-Josef Bode: Heute erfüllt sich das Wort. Die Botschaft des Lukasevangeliums, Freiburg im Breisgau, 2. Auflage 2007

Hubertus Brantzen: Wer bin ich für euch? Die Botschaft von Jesus nach dem Markusevangelium, Freiburg im Breisgau 2006

Paul Deselaers, Dorothea Sattler: Es wurde Licht. Die Botschaft der biblischen Schöpfungstexte, Freiburg im Breisgau 2005

Paul Deselaers, Dorothea Sattler: Gottes Wege gehen. Die Botschaft von Abraham und Sara, Freiburg im Breisgau 2007

Anselm Grün: Die Freude wird vollkommen sein. Die Botschaft des Paulus an die Christen in Philippi, Freiburg im Breisgau 2005

Albin Krämer: Frei sollt ihr sein! Die Botschaft des Buches Exodus, Freiburg im Breisgau 2006

Anton Rotzetter: Ich will das Morgenrot wecken. Die Botschaft der Psalmen, Freiburg im Breisgau 2008

Bernardin Schellenberger: Ich bin es, der mit dir redet. Die Botschaft des Johannesevangeliums, Freiburg im Breisgau 2008

Andrea Schwarz: Propheten sind wir alle. Die Botschaft des Buches Jona, Freiburg im Breisgau 2006

Thomas Söding: Kommt zu mir! Die Botschaft des Matthäus-evangeliums, Freiburg im Breisgau 2009

Die Bibel im Internet

www.bibleserver.com
www.bibel-online.de
www.diebibel.de
www.ekd.de/bibel/bibel.php
www.dbg.de: Website der »Deutschen Bibelgesellschaft« (evangelisch) in Stuttgart
www.bibelwerk.de: Website des »Katholischen Bibelwerks« in Stuttgart
www.bibelwissenschaft.de/wibilex/das-bibellexikon
www.bibelwissenschaft.de/bibelkunde

Um weitere Angebote zur Bibellese, zu Vorträgen und Veranstaltungen rund um die Bibel in Ihrer Nähe zu erhalten, wenden Sie sich am besten an Ihre Pfarrei beziehungsweise Gemeinde vor Ort. Hier erhalten Sie die Adressen von katholischen oder evangelischen Akademien in der Umgebung, von Tagungshäusern, die Termine von Bibelseminaren, Einkehrtagen und Exerzitien zu biblischen Themen und Texten. Oder achten Sie im Regionalteil Ihrer Tageszeitung oder in überregionalen Zeitungen auf die Angebote verschiedener Anbieter. Eine weitere Möglichkeit bieten Kirchenzeitungen oder Pfarrblatt, aber auch Zeitschriften wie »Chrismon« (erscheint monatlich als Beilage zu »Die Zeit«, »Frankfurter Allgemeine Zeitung«, »Mitteldeutsche Zeitung«, »Schweriner Volkszeitung«, »Süddeutsche Zeitung« und »Der Tagesspiegel« mit »Potsdamer Neueste Nachrichten«) oder »Publik-Forum«, um an entsprechende Informationen zu gelangen. Die beiden letztgenannten finden Sie auch im Internet:

www.publik-forum.de; www.chrismon.de

Gerade auch in sogenannten **Bibelzentren** finden Sie große und breit gefächerte Angebote rund um die Bibel. Auf der Homepage der Deutschen Bibelgesellschaft können Sie nicht nur Adressen und Angebote der Bibelzentren in Ihrer Nähe nachschlagen, sondern auch mehr über das Ausstellungs- und Museumsprogramm einiger ausgewählter Bibelzentren erfahren:

www.dbg.de/navi/wir-in-deutschland/bibelzentren-in-deutschland

Bibelübersetzungen und Bibelausgaben

www.bibleserver.com
www.dbg.de/navi/bibeluebersetzungen.html
www.bibel-online.net
www.diebibel.de
www.ekd.de/bibel/bibel.php